OLIVIER GUIMOND

MON PÈRE
MON HÉROS

OLIVIER GUIMOND

MON PÈRE
MON HÉROS

LUC GUIMOND

C.P. 325, Succursale Rosemont
Montréal (Québec), Canada H1X 3B8
Téléphone: (514) 522-2244
Télécopieur: (514) 522-6301
Internet: http://www.edimag.com

Éditeur: Pierre Nadeau
Mise en pages et couverture: Jean-François Gosselin
Réviseurs: Camille Gagnon, Lucette Proulx-Sammut
Photos: La majorité des photos proviennent de la collection
personnelle de l'auteur. Les photos de la télésérie *Cher Olivier* sont de
René Robitaille.

Dépôt légal: premier trimestre 1997
Bibliothèque nationale du Québec
Bibliothèque nationale du Canada

À Manon Goulet, ma compagne

et à mes deux beaux enfants,

Olivier et Alexandre

DISTRIBUTEURS EXCLUSIFS

Pour le Canada et les États-Unis
Les Messageries **adp**
955, rue Amherst
Montréal (Québec) H2L 3K4
Téléphone: (514) 523-1182
Télécopieur: (514) 939-0406

Pour la Suisse
Transat S.A.
Route des Jeunes, 4 Ter
C.P. 1210
1 211 Genève 26
Téléphone: (41-22) 342-77-40
Télécopieur: (41-22) 343-46-46

Pour la France et la Belgique
Diffusion Dilisco
122, rue Marcel-Hartmann
94200 Ivry sur Seine
Téléphone: 49-59-50-50
Télécopieur: 46-71-05-06

TABLE DES MATIÈRES

UNE PAGE DE LA PETITE HISTOIRE DU THÉÂTRE QUÉBÉCOIS

Avant d'aborder le récit de la vie de mon père, j'ai voulu connaître, dans ses grandes lignes, l'épopée du théâtre québécois. Ce que j'en connaissais débutait avec l'histoire de mon grand-père!

Au fil de mes recherches dans les documents de l'Union des artistes, j'ai appris que la première pièce de théâtre, présentée en terre québécoise, fut *Colas et Colinette*, montée par un dénommé Joseph Quesnel, en 1790, et que Montréal fut dotée de sa première salle de spectacles, le Théâtre Royal, en 1825, grâce à la générosité de John Molson. Les troupes françaises et américaines furent d'ailleurs les premières à y jouer. Le geste de Molson fut bientôt imité, et trois nouvelles salles ouvrirent leurs portes.

Malheureusement, une crise économique freina les activités théâtrales entre 1873 et 1890, mais dès 1891, le théâtre retrouve la santé et s'implante sur des bases solides. L'année 1895 voit naître le Monument National (situé rue Saint-Laurent, à Montréal). En

1897, Antoine Godeau père de la comédienne Marthe Thierry, fonde son Théâtre des Variétés. Y figurent des noms comme Juliette Béliveau, Elzéar Hamel et Joseph Archambault.

L'année 1899 voit la fondation du Théâtre National, par Julien Daoust. Toujours cette même année, une petite fille de dix ans fera accourir les foules au Monument National: il s'agit de Juliette Béliveau. L'engouement pour le théâtre ne fut pas étranger aux trois visites à Montréal de la grande Sarah Bernhardt. Ajoutons que c'est lors d'une de ses visites que la grande Sarah rencontra, en 1905, la petite Juliette. Louis Fréchette avait organisé la rencontre à l'Hôtel Windsor de Montréal. Sarah assied alors Juliette sur ses genoux et l'invite à venir un jour étudier à Paris. Elle s'engagea même à la prendre sous sa tutelle. À cette époque, un grand talent de chez nous nous représentait en Europe comme aux États-Unis: il s'agissait d'Emma Lajeunesse, dite Madame Albani, une grande cantatrice qui attirait les foules au théâtre.

En 1900, Montréal compte une dizaine de théâtres. La première comédienne qui soit montée sur une scène montréalaise fut Angéline Lussier dont le nom de scène fut Blanche de la Sablonnière. Elle fit ses débuts avec une troupe française, et devint très vite une grande vedette du début du siècle. Elle joua sur toutes les scènes montréalaises jusqu'au début des années 30.

En 1902, Julien Daoust prend la direction du Monument National et y présente ses *Soirées canadiennes*.

On verra aussi dans les années subséquentes l'érection du Théâtre Majestic (rue Ontario), du Princess (rue Sainte-Catherine ouest), du Ouimetoscope (à deux pas du National, qui deviendra plus tard le Canadien) et du Midway (rue Saint-Laurent). On peut lire sur toutes les affiches de l'époque les noms de Gustave Scheler, Becman, Eugène Lassalle (fondateur du Conservatoire Lassalle en 1907). Ce sont les idoles de l'époque.

Pendant ce temps, Arthur M. Pitre, né à Hull en 1890 (il débuta aux États-Unis dans le burlesque vers 1907, et comme les Américains ne pouvaient prononcer son nom, il le changea pour Pétrie) fait ses débuts dans les tombolas, avec Pierre Desrosiers. Pétrie offre une nouvelle version de théâtre qu'on appelle le burlesque chez les Américains. Son seul but est d'amuser, de faire rire, avec des sketchs courts, improvisés à partir d'un canevas. Courte intrigue qui finit par un *punch*. Il se produit au Théâtre Auditorium de Québec en 1911 et il fait fureur. Il décide de venir à Montréal. Cette formule semble plaire dans la Métropole, si bien que, peu après, on retrouve Arthur Pétrie sur les scènes du Starland et du King Edward, les nouveaux temples de la comédie situés l'un en face de l'autre, rue Saint-Laurent, entre Sainte-Catherine et Dorchester.

De nouvelles figures font alors leur apparition dans le burlesque canadien, soit les rois du *slapstick:* Pic Pic, Swifty, Pizzi-Wizzi et Macaroni. (La plupart venaient de l'extérieur et avaient élu domicile chez nous pour y faire carrière.) Il en coûtait 0,15$ pour entrer dans les théâtres à cette époque. Arthur Pétrie se retrouvera plus tard à la direction de la troupe «Les Poupées françaises» qui se produisait dans les théâtres de la rue Saint-Laurent. À l'affiche, une ligne de danseuses (*chorus line*), des chansons dixiland alors à la mode, le tout entrecoupé de petits sketchs qui se déroulaient devant le rideau (on les appelait les *bits*.) Il pouvait s'agir d'un numéro solo ou d'un tandem formé de deux comédiens. Le matériel utilisé provenait des États-Unis. On pouvait le traduire et l'adapter, selon les besoins. Le spectacle se terminait avec une comédie d'une vingtaine de minutes à laquelle participaient tous les comédiens. Il n'y avait pas de présentateur; tout s'enchaînait, et l'intérêt du spectateur était toujours soutenu.

Il arrivait souvent que l'artiste invité fût une vedette américaine.

C'est ainsi que débutera comme «*showgirl*», Juliette Vermeersch, native de Saint-Hyacinthe. Elle devint l'épouse d'Arthur Pétrie et travailla à ses côtés durant nombre d'années. Elle fit ses premiers pas dans la revue *Envoye Envoye* de Paul Gury, dont la vedette était Simone Roberval, au Starland. C'était en 1918.

Juliette Pétrie fera aussi tandem avec Rose Ouellette au Théâtre National à la fin des années 30. Juliette Pétrie passe ensuite de *showgirl* à comédienne. Elle fait preuve d'un talent absolument remarquable pour la comédie et se révèle une excellente *straightwoman*. Elle connaîtra une carrière prestigieuse à la scène, au cabaret puis à la télévision.

C'est Arthur Pétrie qui inaugura le burlesque francophone. Au début, tout devait se faire en anglais et en français, puis, peu à peu, notre langue prit le dessus. Ce même Arthur Pétrie effectua aussi des tournées à travers le pays. C'est lors d'un passage à Ottawa qu'il fit la rencontre d'Oliver Guimond sr, celui qui allait devenir le grand Ti-Zoune sr.

Arthur Pétrie et Oliver Guimond sr présideront au grand départ du burlesque canadien qui deviendra plus tard le vaudeville québécois. Le burlesque avait pris naissance en terre américaine à la fin du XIXe siècle.

Vers 1910, apparaissent de nouvelles têtes: Conrad Gauthier (chanteur folkloriste et comédien); Paul Gury (acteur français établi ici en 1909 et qui produira des spectacles au National vers 1915); Jeanne Maubourg (chanteuse d'origine belge qui fut dirigée par Toscanini au Metropolitain Opera de New York); Amanda Alarie (qui deviendra, dans les années 50, la Maman Plouffe de la télévision); Hector Charland (le Séraphin des *Belles Histoires des pays d'En Haut*, à la radio et au cinéma); Blanche Gauthier (comédienne qu'on ne verra que très peu à la télévision, mais qui marqua le théâtre); Jeanne Demons, Fanny Tremblay, son époux, J.R., de même que le grand Fred Barry et son épouse Bella Ouellette. Barry mettra sur pied, plus tard, une troupe au théâtre Stella avec Albert Duquesne, devenu l'époux de Marthe Thierry.

Il ne faudrait pas oublier cette grande voix de l'époque que fut celle de Pierre Durand, un Breton venu s'installer chez nous.

Pendant ce temps, chez nos voisins américains, un nouvel emballement surgit: le *strip-tease*. Il s'agit de danseuses qui se déshabillent progressivement sur scène. Quelques années plus tard, ces spectacles étaient permis à Montréal et feront accourir la clientèle masculine au célèbre *Gayety* que deviendra plus tard le Radio-Cité de Jean Grimaldi (aujourd'hui le site du TNM).

Les plus célèbres *strip-teaseuses* chez nous furent sans aucun doute Peaches et Lily St-Cyr. Même s'il s'agissait d'effeuillage progressif, aucune nudité n'était permise. Le tout était très subtil. D'ailleurs, des représentants de la censure et de la moralité, envoyés par les autorités municipales, veillaient à ce que tout se déroule dans l'ordre. Le clergé, il va sans dire, était contre cette forme de théâtre et la condamnait ouvertement.

Les années 20 allaient aussi voir l'arrivée des cinématographes. Pathé se mit à diffuser des petits bouts de films dans les théâtres avant la présentation des pièces et comédies. Un grand cabaret ouvrit ses portes à la même époque, le «Venitian Garden». On y retrouvait la haute société montréalaise. Il fallait y venir en habit de gala et la robe longue était de rigueur. Si, en 1922, la venue de CKAC (première radio francophone en Amérique) allait apporter de l'eau au moulin pour les gens de la scène, le *Krach* économique de 1929 allait faire chuter l'entreprise théâtrale qui n'était rentable que depuis une décennie. Le prix des billets d'entrée dans les théâtres passa de 0,50$ à 0,08$. Les salaires des gens de théâtre tombèrent au plus bas.

Juliette Pétrie confiera que, en 1930, elle et son époux gagnaient 10$ par semaine. Et en plus de leur participation sur scène, il devaient fournir les décors, les accessoires et les costumes, y compris le rideau de scène. Avec «Les Variétés Lyriques» de Charles Goulet et de Lionel Daunais, la direction du théâtre l'Arcade voulut alors offrir une nouvelle forme de théâtre, celle qui est chantée. Si certains soirs on affichait complet

au National, angle Sainte-Catherine et Beaudry, à quelques rues de là, angle Maisonneuve, à l'Arcade, les sièges étaient inoccupés. Déjà, le public semblait favoriser le rire et ses vedettes.

Ce livre vous racontera l'histoire du «plus grand comique» que le Québec ait connu durant ce siècle qui s'achève, Olivier Guimond, mon père.

POURQUOI J'AI ÉCRIT CE LIVRE

Lorsqu'on m'a approché pour écrire ce livre, je fus d'abord hésitant. Pour plusieurs raisons. En premier lieu, j'ai peu connu mon père: je n'avais que sept ans, lorsqu'il est mort. Puis je craignais qu'on m'accuse d'exploiter le nom de mon père. Mais il y avait aussi enfoui, au fond de moi, un désir longtemps caché, celui d'un enfant qui n'a jamais pu dire à l'auteur de ses jours toute l'admiration qu'il lui porte. Ce point a beaucoup pesé dans ma décision.

Tout au long de ma vie j'ai entendu des gens me parler de mon père, me faire son éloge, me le raconter. Tous avaient eu la chance de bien le connaître, de travailler à ses côtés et surtout de l'aimer. C'est à travers eux que j'ai connu un peu plus mon père, Olivier Guimond.

Bien sûr, j'ai retenu les propos et anecdotes de plein de gens au fil des années. Ils étaient tous plus intéressants les uns que les autres. Plus souvent qu'autrement, à saveur d'humour. Pour connaître et capter l'artiste, depuis ma tendre enfance j'ai toujours été fasciné par des documents sonores ou visuels le concernant. Quel talent formidable! Tous les hommages qu'on a rendus à mon père depuis son décès ont eu une grande importance pour moi. À chaque fois, c'était un peu comme si papa retrouvait la vie pour quelques moments.

Le nom de Guimond est pour moi un bel héritage et il m'a fait vivre de grandes choses tout au cours de ma vie. Si j'ai accepté d'écrire ce livre, ce n'est absolument pas pour me placer sous les projecteurs, mais uniquement pour vous parler de ce grand homme que fut mon père, Olivier Guimond. Je l'appellerai quelquefois papa, ou mon père, ou encore Oliver jr., mais surtout Olivier. Il en sera de même pour ma mère, Manon, ainsi que pour mes grands-parents, Oliver Guimond sr. et Effie Mack. Le lecteur pourra donc s'y retrouver facilement.

Ce livre vous raconte l'histoire de mon père, mais aussi celle de la mirifique épopée du burlesque et du vaudeville. On en reparlera encore dans des décennies et qui sait si, un jour, on n'assistera pas à un retour de cette discipline théâtrale. Elle fait partie de notre culture depuis déjà quelques générations. La nouvelle cuvée d'humoristes semble s'y intéresser.

J'ai eu le sentiment, en assistant au tournage de la télésérie «Cher Olivier», que papa allait encore influencer l'humour québécois, 25 ans après sa mort.

Est-ce dire que mon père est immortel?

N'est-ce pas le plus beau titre qui puisse être décerné à un artiste?

CHAPITRE 1

IL Y EUT D'ABORD TI-ZOUNE SR

Avant de vous parler de mon père, je me dois de vous dire d'abord un mot de mon grand-père. Je ne l'ai pas connu, bien sûr, puisqu'il est décédé bien des années avant ma naissance, mais j'en ai beaucoup entendu parler par ceux qui l'ont côtoyé.

La grande comédienne Juliette Pétrie aimait raconter à qui voulait l'entendre que grand-père avait été et demeurait le plus grand comique que le pays ait connu jusqu'à ce jour. Elle classait papa au second rang. D'ailleurs, c'est Madame Pétrie qui côtoya les Guimond dès leur arrivée à Montréal et c'est grâce aux cousines de papa, Marie et Marguerite Warren, que j'ai connu les origines de mes grands-parents.

Oliver Guimond senior naquit le 18 mars 1893 à Sudbury, en Ontario. Son père, Napoléon, et sa mère, Urselle Légaré, eurent six enfants, soit Pierre, Blanche, Alice, Agnès, Franck et Oliver. Déjà dès son enfance, on note chez le plus jeune un sens inné de la comédie. Il fait constamment rire ses parents comme ses amis. Il a aussi une fort jolie voix et est très doué pour le piano. Il aime divertir la famille à la maison.

Olivier quitte très tôt les bancs de l'école pour se mesurer au marché du travail.

Un jour, alors qu'il est employé comme cireur de chaussures à la gare d'Ottawa, il fut remarqué par le comédien Arthur Pétrie qui montait ses propres revues dans les théâtres spécialisés de l'époque. Tout en cirant les chaussures des clients, Oliver s'amusait à raconter des blagues et fredonnait quelques chansonnettes, à l'occasion. Son répertoire était surtout anglophone.

Doué d'un don particulier pour découvrir de nouveaux talents, Monsieur Pétrie a offert à Oliver de se joindre à la troupe «Arthur Pétrie et les Poupées françaises» qui était le spectacle de l'heure. Cette troupe se produisait à Montréal durant des mois, et partait ensuite en tournée durant la belle saison.

Oliver accepta l'offre. Il quitta son emploi à la gare d'Ottawa et, valise à la main, il dit adieu à son patelin pour venir s'installer à Montréal. Engagé par Monsieur Pétrie, il fut à la fois porteur de valises, homme à tout faire et il se retrouva bientôt maître de la scène. On l'avait chargé de présenter quelques petits numéros devant le rideau, pendant que, derrière, on changeait les décors. En peu de temps il fit preuve de génie et devint très vite le premier comique de la revue d'Arthur Pétrie.

Le surnom de Ti-Zoune, Oliver l'achètera au comédien-chanteur Pierre Desrosiers, le père de Jacques Desrosiers, pour quelques dollars.

TI-ZOUNE ÉPOUSE EFFIE MACK

Oliver avait fait la connaissance d'Effie MacDonald, une Écossaise, arrivée au pays avec sa famille en 1907. Elle avait vu le jour en Écosse le 10 août 1897. La famille MacDonald débarqua à Québec d'abord, puis vint par la suite s'établir à Montréal. Les parents, James et Euphémia MacDonald, avaient immigré avec leurs cinq enfants: Hélène, Charles, James, Isabelle et Effie. Cette dernière aimait la danse et, très jeune, elle avait monté un numéro de danse écossaise qui lui valut des premiers prix dans les concours d'amateurs de l'époque. Elle avait débuté en Écosse et elle entreprit de donner des spectacles en terre canadienne.

Effie et Oliver se rencontrèrent au début de l'année 1913, à Ottawa, alors qu'Euphémia (son nom véritable) y était de passage avec une petite troupe de danseurs. Ils se remarquèrent, mais cette rencontre n'eut pas de suite. C'est lorsque Effie vint à Montréal, l'année suivante, qu'ils se revirent, pour cette fois ne plus se quitter. Il fut très vite question de mariage. Elle avait seize ans et lui en avait 20.

Effie et Oliver s'épousèrent deux fois. Le premier mariage fut célébré le 27 octobre 1913 selon les rites de l'Église protestante, religion de la jeune épouse, alors enceinte de deux mois. À cette époque, les familles voyaient d'un très mauvais œil un mariage entre deux conjoints de religions différentes. La famille Guimond fit sentir à Oliver qu'il avait renié sa religion pour plaire à une femme. Ce qui était encore plus mal vu. Selon les coutumes du temps, c'était plutôt à la femme, d'abandonner sa religion pour suivre son mari. Il fut donc décidé que le couple convolerait de nouveau devant l'Église catholique le 8 avril 1914. Ce second mariage fut célébré à la Cathédrale Marie-Reine-du-Monde de Montréal.

Le couple Guimond s'installa rue Chatam, au centre-ville dans un immeuble de trois étages apparte-nant aux parents d'Effie, qui occupaient le premier plancher. Le second était réservé à la famille Warren (Hélène, sœur d'Effie) et les Guimond habitaient le troisième étage.

CHAPITRE 2

LA NAISSANCE D'OLIVIER

Un mois plus tard, Effie donnait naissance à un petit garçon qui sera prénommé comme son père, Oliver jr. L'accouchement ne fut pas facile. Plus de 48 heures de travail et plusieurs complications au moment de la délivrance du bébé. Effie et Oliver auraient souhaité avoir d'autres enfants, mais ce vœu ne se réalisera pas.

Le petit Oliver jr (mon père, en l'occurrence) vit le jour le 21 mai 1914, rue Chatam, à Montréal, dans la chambre à coucher de ses parents. Il sera entouré d'amour, d'abord par son père et sa mère, mais aussi par ses grands-parents MacDonald et Guimond, et par les oncles et tantes qui le trouvaient tous si mignon, si éveillé.

Oliver jr sera baptisé à l'église St.Anthony, la paroisse familiale. Le parrain et la marraine seront Helen et Adolph Warren, sœur et beau-frère d'Effie. Sur l'acte de naissance on peut lire que l'enfant a été baptisé: Joseph, Oliver jr, James Guimond.

La maman ne prendra que quelques semaines de repos après l'accouchement et, très vite, elle retrouve son époux et partenaire sur scène. Pas question de laisser le bébé à la maison ou en garderie. Effie l'amène avec elle au théâtre et l'installe dans sa loge. Il sera ainsi nourri en coulisses. Les premiers mots que prononcera l'enfant seront en anglais. Chez Oliver et Effie, on parlait surtout anglais.

S'il n'est pas né dans un théâtre, Oliver jr y passe par contre presque toute son enfance. Tantôt ce sera au National, tantôt au Starland, au King Edward ou en tournée. Ses vêtements étaient imprégnés de l'enivrante odeur des coulisses théâtrales. Les danseurs et danseuses ainsi que les comédiens et comédiennes deviennent les «mon oncle» et «ma tante» du petit Oliver jr. Comme c'est un beau bébé, qu'il est toujours souriant, il se promène dans les bras de l'un ou de l'autre. On se l'arrache en coulisses. Surtout lorsque sa maman doit entrer en scène. Comme ses parents, le petit Oliver jr vivra autant au théâtre qu'à la maison durant toute son enfance. En compagnie de Teddy Burns, Ti-Zoune part pour Detroit avec ses French Dolls. Effie et le petit Oliver jr sont du voyage. Maman m'a raconté que papa les suivait dans toutes leurs tournées et que, à l'âge de quatre ans, il a figuré dans un sketch de son père Ti-Zoune et d'Arthur Pétrie. Déjà, il avait su être bon et mériter des applaudissements.

Effie ne travailla qu'avec son mari à la scène. Comme elle n'était pas une grande chanteuse, mais qu'elle était très jolie, elle jouait les *dumb-girls* (rôle muet). Les rires allaient, bien sûr, du côté d'Oliver sr. Elle servait de faire-valoir tout en apportant une touche féminine et sexy au numéro qu'offrait son époux. Il arrivait aussi que d'autres comédiens figuraient dans le sketch. Mais jamais ma grand-mère ne monta sur scène si son époux n'y était pas.

À cette époque les artistes devaient travailler dans les deux langues, puisque le public était composé de francophones et d'anglophones. Les répliques étaient données en français d'abord, puis en anglais ensuite. Ça donnait des phrases dans le genre: «Comment vas-tu, Ti-Zoune? *How are you* Ti-Zoune?» Certains comédiens qui avaient de la difficulté à manier la langue de Shakespeare, déclenchaient des rires seulement à cause de leur prononciation. Tout concourait à faire rire et les acteurs étaient, pour la plupart, des acrobates de l'improvisation.

Les comédiens devaient donc être bilingues. Il en était de même pour tous les chanteurs. Le répertoire de Al Jolson était très populaire. On faisait aussi beaucoup d'adaptation. On traduisait des chansons et il arrivait aussi qu'on écrive tout simplement une histoire chantée en la fredonnant sur l'air de telle ou telle chanson. Jean Grimaldi utilisera souvent ce procédé. Il produira des centaines de chansons durant ses années passées sur scène.

Les revues et spectacles ne duraient qu'une semaine. Il fallait recommencer à tous les sept jours.

DANS L'INTIMITÉ DU GRAND TI-ZOUNE

On décrit Oliver Guimond sr, dit Ti-Zoune, comme un très bel homme, possédant un sourire auquel les femmes de son époque ne pouvaient résister. C'était un charmeur qui adorait faire des compliments aux dames. Il avait aussi un ton personnel pour parler à la gent féminine. Son rire était unique. Surtout lorsqu'il s'agissait de se payer la tête d'un camarade, il pouvait devenir très agaçant. On m'a dit qu'il était un excellent homme de maison. Chez lui, il cuisinait, faisait le ménage, servait son Effie comme une reine. Ma grand-mère n'était pas du tout une femme d'intérieur. Même si elle l'avait été, il lui aurait été difficile de tasser son époux lorsque ce dernier avait pris le contrôle de l'entretien. Il refusait qu'elle touche à quoi que ce soit. Il la comblait de cadeaux et Effie était vraiment la reine du foyer Guimond. Mon grand-père, bien que fumeur, refusait de voir sa femme avec une cigarette à la bouche.

À la maison, on ne parlait pas travail. Par contre, Oliver sr était le boute-en-train de la famille. Il aimait faire rire et le faisait naturellement. Tantôt avec son chapeau ou sa cravate, tantôt avec des mimiques de toutes sortes. À la scène, Ti-Zoune sr était reconnu comme le meilleur, mais aussi le plus difficile et le plus intransigeant des comédiens avec qui travailler. Il pouvait être moqueur envers ses partenaires et quelquefois même devenir détestable. «Il était parfait et voulait que tout le monde autour de lui le soit autant, confiait Madame Pétrie. Il avait du synchronisme comme personne.»

Elle m'a aussi raconté: «Quand nous étions à ses côtés, il fallait nous tenir les fesses serrées et poser la question au bon moment; s'il décidait que ça n'était pas le temps, il nous ignorait complètement et trouvait le moyen d'arracher un rire... Il faisait crouler les salles en ne disant pas un seul mot et avec comme seul accessoire un escabeau. C'était un mime exceptionnel et un grand danseur. Il ne pardonnait pas une erreur sur scène, il n'avait aucune indulgence lorsqu'il s'agissait du travail et il pouvait devenir arrogant envers ses camarades de scène. Nous étions très amis les deux couples, Effie et Oliver sr, Arthur et moi. Chaque soir après la représentation, nous partions ensemble. Les hommes arrêtaient prendre un verre au Club Papineau, mais les femmes n'y étaient pas admises. Un soir de grand froid, alors que nous attendions dans la voiture et que ces messieurs s'attardaient à siroter leur bière, j'ai sonné à la porte et dit au maître d'hôtel de prévenir messieurs Pétrie et Guimond que nous allions prendre un taxi et rentrer. Le maître d'hôtel nous a invitées à l'intérieur et nous sommes devenues les premières femmes à être admises dans les clubs privés pour hommes de Montréal.» Elle m'a aussi confié que grand-père Guimond n'aimait pas qu'on appelle sa femme Effie. Il fallait que les gens de la troupe l'appellent madame Guimond.

Ce qui séduisait particulièrement le comique chez son épouse, c'était surtout ses mains. Elle avait de très jolies mains et elle en prenait grand soin. Un jour lorsque Ti-Zoune trouva sa tendre moitié occupée à faire la vaisselle, il prit immédiatement sa place en lui disant tout simplement: «Mais voyons, tes jolies mains, ma chérie!»

Après s'être illustré au Théâtre National, au Starland et au King Edward, Ti-Zoune ira au Midway, au Crystal Palace, au Laurier, ainsi qu'au Cartier, toujours aux côtés de Joseph et Manda, André Carmel, Alex Desmarteaux, Macaroni, Charlie Ross, Pizzi-

Wizzi, Paul Hébert, Raoul Léry, Armand Lacroix et Rose Ouellette dénommée La Poune. Ce nom de scène lui fut donné par Oliver Guimond sr. Elle se nommait auparavant Casserole. Alors que son nom allait figurer avec le sien sur la marquise du Théâtre Impérial de Québec, mon grand-père suggéra Ti-Zoune et La Poune. Une nouvelle star du rire venait de naître.

Une grande amitié unira Madame Ouellette et grand-père. Mais on ne les vit pas très souvent réunis sur scène lorsque la Poune devint vedette. Il faut comprendre qu'ils étaient tous deux des comiques. C'était donc à qui récolterait le plus de rires. Mais ils eurent un grand respect l'un pour l'autre tout au long des années.

LES ANNÉES COLLÉGIALES D'OLIVIER

En 1928, les Guimond avaient une maison d'été à Pointe-Fortune, près de Rigaud, où ils passaient leurs vacances. Grand-père avait acheté le terrain et la maison appartenant à Joseph François Lessard. Le petit Olivier était un enfant gâté. Chouchouté par tous les artistes de la troupe, lorsqu'il était seul à la maison, il en faisait voir de toutes les couleurs à ma grand-mère. Ce n'est qu'au pensionnat Mont St-Louis qu'Olivier fera l'apprentissage d'une vraie discipline.

Si Olivier fut placé au pensionnat c'est, bien sûr, dû au fait que ses parents étant très souvent à l'extérieur, il leur était difficile de veiller sur lui. Son père tenait beaucoup à ce qu'Olivier reçoive la meilleure instruction possible. Le Mont St-Louis était un collège très réputé et on y trouvait surtout les fils de familles bourgeoises, car il fallait payer pour y inscrire les enfants. «Je veux que mon fils ait l'éducation que je n'ai pas reçue, je ne veux pas qu'il ait à se battre comme moi pour gagner sa vie» disait le grand-papa Guimond à son épouse.

Grand-mère m'a raconté que papa adorait la pêche et qu'il trouvait toutes les occasions pour s'y adonner. Il ressemblait beaucoup à son père sur ce point. Ce dernier était un passionné de la pêche.

Grand-père trouvait quelquefois le temps de donner des cours de danse à mon paternel, mais Olivier rêvait davantage de devenir un joueur de hockey. Il manifestait un grand esprit sportif. Au Mont St-Louis, il excella dans la course en patins sur des longueurs d'un mille et plus (1,6 km); il se classa même au championnat. Je conserve toujours ces trophées qu'il me légua. Olivier demeurera neuf ans au pensionnat. Il adorait aussi jouer des tours et il lui arrivait fréquemment de ne pas se présenter à ses cours. Très ami avec Guy Vandelac, dont la famille dirigeait une entreprise de service ambulancier. Olivier et Guy se permettaient de fréquentes excursions au volant d'une ambulance.

Olivier quittait le pensionnat à tous les week-ends pour venir chez ses parents. Lorsque ceux-ci étaient absents, le jeune Olivier descendait chez sa grand-mère MacDonald. Bien que son paternel ne fût pas d'accord avec son départ du Mont St-Louis, Olivier lui tiendra tête et refusera d'y retourner. Il suivra des cours durant quelques mois au Sullivan Business College. Mais déjà il songe en réalité au théâtre. Il en rêve.

Grand-mère m'a raconté aussi que papa était très généreux avec ses camarades de collège. Il aimait partager tout ce qu'il recevait. Elle devait donc en acheter davantage pour qu'il puisse en donner à ses amis. Elle m'a aussi dit qu'il aimait beaucoup monter des spectacles avec ses camarades et qu'il était doué pour la musique. Il jouait du cor français dans la symphonie collégiale. Il a aussi fait du trapèze. Ce qui explique son habileté lorsqu'il devait faire des acrobaties et débouler dans le décor. Papa a aussi suivi des cours de piano. Il en jouait très bien d'ailleurs. Il aimait la musique douce, les opérettes, un peu d'opéra. Il était un passionné des rythmes latins.

OLIVIER DÉFIE L'AUTORITÉ PATERNELLE
Grand-père ne voyait en son fils aucun espoir pour la scène. Il aurait souhaité que son rejeton poursuive ses études et se rende jusqu'à l'université; il voulait pour lui une carrière plus sécuritaire. Mais Olivier n'aimait pas les études et il le fera vite savoir à son paternel. Dès qu'il obtient un congé, il quitte le collège et se rend directement au Théâtre National. Il ne cache pas sa passion pour le théâtre devant les artistes de la troupe. De la coulisse, il regarde son père faire crouler la salle sous les applaudissements. Il est émerveillé par sa comédie.

Alors que son père le croit au Collège Sullivan, Olivier passe ses après-midi dans les cinémas. Lorsque sa grand-mère Guimond décède, son père tente de le joindre au Collège Sullivan et il apprend du directeur qu'Olivier ne s'est pas présenté à ses cours depuis plusieurs semaines. Quand le fugueur rentre à la maison, il se fait sermonner. Mais la grande discussion allait survenir au retour de l'enterrement de sa grand-mère. Le père et le fils eurent alors une discussion d'homme à homme. «Dad, je n'en peux plus. Je n'ai plus envie d'étudier. Mon esprit n'est plus là... Je veux jouer, faire du théâtre... J'ai de qui retenir, Mom et toi êtes des comédiens, j'ai dû hériter ça de vous.»

Son père lui répond: «Encore faut-il avoir du talent... Je ne crois pas que tu sois fait pour ce métier-là, mon fils... Tu devrais continuer d'étudier...» «Il n'en est pas question... Que vous le vouliez ou non, je ferai du théâtre....» Voyant qu'il n'arriverait pas à l'en dissuader, le père acquiesça: «Très bien, tu viendras avec nous à Québec, à l'Impérial. On te trouvera un petit rôle. À 16 ans, Olivier est bien décidé, il sera comédien, un point c'est tout. Finies les études, il s'inscrit à l'école de la vie. Pour ce qui est de la scène, il a fait ses classes en coulisses en observant les meilleurs, dont Ti-Zoune père. Ce père qui fera tout pour le décourager durant des années. Au point de lui dire qu'il est pourri et qu'il ne sera jamais un bon comédien. Autant Olivier était près de sa mère et pouvait tout obtenir de sa part, autant il était timide devant son père. Une sorte de gêne, de retenue les séparait.

CHAPITRE 3

ENFIN, OLIVIER MONTE SUR LES PLANCHES

Lorsque Junior monte sur les planches pour la toute première fois en 1931, il se retrouve devant son père et sa mère. Il joue les rôles de jeune premier et, durant une courte saison, mon père sera le petit acteur de service dans la revue de Ti-Zoune au théâtre Impérial de Québec. Jamais le père ne donnera le moindre signe d'encouragement à son fils. Il lui dira même que, au fond, il n'a aucun talent. Olivier quitte la troupe de Ti-Zoune. Il n'en peut plus. La pression qui s'exerce sur lui quand il joue aux côtés de son père l'empêche de donner le maximum de lui-même. De plus, on lui confie des rôles plus sérieux, alors qu'il veut faire rire. Il plie bagage et il rentre à Montréal. En fait, grand-père était conscient du talent de son fils, mais il rêvait d'une carrière de médecin ou d'avocat pour son rejeton. Ayant connu les durs rouages du métier, il ne croyait pas son fils capable d'affronter l'insécurité d'un tel boulot. D'autant plus que mon père, étant fils unique, avait joui d'une jeunesse «fils à papa»; il n'avait jamais manqué de quoi que ce soit.

Mon père décide donc de voler de ses propres ailes. Rien ne l'en empêchera. Il est déterminé, il sera comique. Après une courte escale à Trois-Rivières, il arrive à Montréal.

OLIVIER DEVIENT «EXAUSTE»

De retour dans la métropole, Olivier s'oriente du côté des cabarets. Il devient maître de cérémonie (à l'époque on disait un M.C.). Il présente les invités, il pousse quelques chansonnettes, la plupart en langue anglaise, et y va de quelques gags de son cru. Il improvise, selon la salle.

On le retrouve en compagnie de Paul Nantel montant un tandem au café le Venise, rue Sainte-Catherine, près de Saint-Laurent. Lui et Nantel font des gags et Olivier chante, tantôt en effectuant quelques steppettes, ou encore en s'accompagnant au piano. Un peu comme le faisait son père à ses débuts. Olivier tiendra aussi l'affiche du Café Maisonneuve pour quelques semaines.

Un jour, on lui propose de venir jouer à Québec. Pour mousser son passage et faire salle comble, le patron de l'établissement lui propose de l'annoncer comme Ti-Zoune.

«On écrira Ti-Zoune en gros, et junior en très petit au bas de l'affiche. Les gens ne pourront pas dire qu'on a triché. Sauf que ce sera meilleur pour nous, on croira voir Ti-Zoune et ce sera le fils» propose l'hôtelier. Olivier hésite, mais devant l'insistance du patron il finit par accepter. Il évite d'en parler à qui que ce soit, craignant que cela ne vienne aux oreilles de son père. Le patron lui avait dit d'ailleurs: «Ton père ne le saura pas, il est à Montréal et nous, nous sommes à Québec.» Naïf et bonasse, incapable de dire non, Olivier accepta.

Lorsque vint le moment du spectacle, mon père fut très bon. La salle apprécia sa performance et ne ménagea pas ses applaudissements. En fait, Olivier avait puisé dans le matériel de son père, mais y avait ajouté sa touche personnelle. C'était du Ti-Zoune rajeuni. Personne ne s'en plaignit, sauf des amis de mon grand-père qui étaient venus pour le voir. Ils s'empressèrent d'aller le rencontrer après le spectacle pour lui demander s'il avait dû remplacer son père à la dernière minute. Olivier, mal à l'aise, avoua la vérité. Il raconta l'histoire du patron et de l'affiche. Le patron fut blâmé, mais on imputa la duperie à Olivier. Les bons amis du grand Ti-Zoune ne tardèrent pas à mettre celui-ci au courant que son fils se servait de son nom et de son matériel sur scène, dans la Vieille Capitale. À son retour de Québec, Olivier dut affronter les foudres de son père.

«Ti-Zoune, c'est mon nom, je l'ai bâti, il veut dire quelque chose pour le public. Comment peux-tu te faire engager en te servant de mon nom et en utilisant mes *jokes... my material... that's copy... No kid*, on ne fait pas ça... *not to me...* Fais-toi ton propre nom... *get your act together...* mais ne prends pas ce qui m'appartient... *That's mine...* Quand je serai mort, tu pourras tenter de prendre ma place, mon nom et mon matériel, mais pas de mon vivant...» lui lança son paternel sur un ton percutant.

Mon père fit ensuite quelques tournées avec André Carmel. Puis un jour, Jean Grimaldi lui proposa de partir en tournée avec Manda Parent et Madame Bolduc. Les tournées de Monsieur Grimaldi étaient très populaires à l'époque. Elles s'étendaient aux quatre coins de la province, et jusqu'en Nouvelle Angleterre et au Nouveau-Brunswick. Lorsque la troupe arrivait, très souvent elle était accueillie par le curé de la paroisse, qui veillait à ce que les blagues ne soient pas trop piquantes et que les danseuses et comédiennes soient vêtues décemment.

Olivier choisit Exauste comme surnom de scène. Il y avait La Bolduc, Joseph et Manda, Baloune, Pizzi-Wizzi, Macaroni et Exauste. Il s'installa une belle complicité entre Madame Bolduc et Olivier. À la mort de cette grande dame du folklore québécois, mon père fut très bouleversé. Il avait perdu une grande amie et une confidente.

IL S'APPELAIT «EXAUSTE»

Sur le programme du théâtre Arlequin, daté de la semaine du 8 juillet 1934, on peut lire: «EXHAUSTE» populaire comédien. À l'intérieur du feuillet les textes de deux chansons que le comédien interprétait: *Quel bonheur* et le fameux *Breakeway*.

UN PREMIER MARIAGE POUR OLIVIER

Le jeune Olivier, tout comme son père, est très porté vers la gent féminine, et il ne tarde pas à tomber amoureux. L'heureuse élue est une danseuse de ballet. Elle se nomme Evelyn Drummond. Elle est américaine, d'origine irlandaise. Ils se sont rencontrés en coulisses et, quelques semaines plus tard, ils se marièrent.

Leur union ne durera que peu de temps, moins d'une année. François Lessard, qui fut un voisin de la famille Guimond, à Pointe-Fortune, m'a raconté que lorsque papa arriva à Pointe-Fortune avec sa nouvelle épouse, il en surprit plus d'un.

Le travail les sépara trop souvent. Olivier devait travailler, il partait en tournée et Evelyn se retrouvait seule. Elle s'ennuyait des siens. Comble de malheur, elle ne parlait pas français. Elle ne se mêlait pas facilement aux gens du métier. Ayant peu de camarades elle trouvait le temps très long durant l'absence de son mari. Elle connaissait peu les parents Guimond. Elle fut très bien acceptée d'Effie. Evelyn songea souvent à partir, mais elle aimait Olivier. Comme une maîtresse, mais aussi d'une tendresse maternelle. Elle lui avait promis de l'attendre. Ils avaient eu si peu de temps ensemble.

Evelyn découvrit aussi qu'Olivier avait une passion pour toutes les jolies femmes... Elle le surprit un jour, en coulisse, dissimulé derrière un rideau de scène, embrassant une chanteuse qui faisait partie de la troupe. Devant les faits, Evelyn se retira et repartit vers les USA. Elle ne redonna jamais signe de vie à Olivier.

En réalité, elle obtint l'annulation de leur union et épousa un Américain qui lui donna une famille de cinq enfants. Elle mourut et ce n'est que quelque temps avant sa mort qu'Olivier apprendra le destin d'Evelyn.

UNE PASSION NOMMÉE ALYS

Evelyn fut vite remplacée dans le cœur d'Olivier. Elle l'était probablement au moment même de son départ. Olivier se sentait romantique auprès des femmes. Sa femme partie, Olivier trouva enfin une perle rare. Elle se nommait Alice Robitaille. Native du quartier Saint-Sauveur de Québec, elle avait débuté à la scène à l'âge de quatre ans. Son nom de scène devint Alys Robi. Son père était pompier. Il adorait sa fille et voulait qu'elle devienne une grande artiste. Il ne fut pas déçu.

Alys Robi était considérée comme un prodige et, devenue vedette dans la Vieille Capitale, la chanteuse ne tarda pas à faire son entrée à Montréal. La jeune star débarqua un jour, sa petite valise à la main, rue Sainte-Catherine, devant le théâtre National. Elle vint demander à Rose Ouellette de l'engager pour quelque temps, histoire de se faire connaître des Montréalais, avant d'entreprendre une carrière internationale.

Très vite la petite Alys a fait sa marque et son nom s'imposa. Lorsqu'elle montait sur scène, cette dernière n'était jamais assez vaste. Rien ne l'intimidait. Elle brûlait les planches. Très vite, Alys devint femme et Olivier ne fut pas sans la remarquer. Elle portait des robes de scène très moulantes et tous les regards se posaient sur elle, y compris celui d'Olivier. À cette époque Alys Robi était déjà une bête de la scène. Elle avait un style bien personnel. Alors que les vedettes du temps chantaient langoureusement et versaient dans la ballade, Alys optait pour les rythmes latins et endiablés. Elle ne tardera pas à devenir une vedette du disque canadien. Son étoile brillera de tous ses feux,

38

d'abord au Québec, puis aux États-Unis, en Amérique du Sud, tout comme en Europe.

Alys n'avait pas encore connu l'amour et c'est avec Olivier qu'elle allait vivre sa première passion. Il était d'une dizaine d'années son aîné. Elle n'avait que 16 ans. Alys m'a raconté un jour que mon père avait été son premier amour et qu'elle ne l'avait jamais totalement oublié.

Monsieur Grimaldi, voyant qu'ils devenaient inséparables, décida de les faire travailler ensemble, au théâtre puis en tournée. Ainsi ils pouvaient s'aimer à leur guise. Je crois qu'ils ont vécu une très belle histoire d'amour, entre Québec et Montréal, et ce n'est que lorsque Alys fut forcée de s'éloigner pour sa carrière, que leur union se détériora. L'idylle avait duré quelques années.

À cette époque, Olivier avait déjà un penchant pour l'alcool. En fait, il l'aura toute sa vie, ou presque. Ce qui ne plaisait pas beaucoup à Alys. Elle ne le lui cachait pas d'ailleurs. Alors Olivier buvait en cachette. On m'a raconté qu'un jour, elle était allée le chercher dans une taverne. Il était très mal vu, dans le temps, qu'une femme entre dans une taverne, ce lieu était réservé aux hommes seulement. On pouvait très souvent apercevoir des épouses aux fenêtres des tavernes réclamant le retour du conjoint, mais jamais elles n'osaient y pénétrer. Poutant un jour, Alys Robi y fit une entrée remarquée. En moins de dix secondes, elle était entrée, avait attrapé Olivier par le collet et l'avait entraîné vers la sortie. Pour ne pas perdre la face devant ses amis, Olivier avait fait le bouffon et s'en était tiré avec des rires. La seule à ne pas rire de ses mimiques fut sans doute Alys. Le couple se détériora pour finalement se séparer. À nouveau, Olivier connaissait un échec. Pour l'oublier, pour ne pas y croire, il noya sa peine dans le cognac. Il avait perdu sa belle Alys.

Comme sa carrière prenait de plus en plus d'ampleur, la chanteuse quitta aussi la Métropole. Le vaste monde l'attendait. Alys et Olivier se revirent des années plus tard, lorsqu'elle revint à Montréal remplir des engagements à la scène. Mon père voua toujours une grande admiration et un profond respect à l'artiste de grand talent qu'est Alys Robi. Ils se croiseront au fils des années. Lorsque Alys fut internée pour cinq longues années à Québec, Olivier eut beaucoup de peine. Il savait qu'il ne pouvait rien faire pour elle, hélas.

Très souvent il communiqua avec la famille Robitaille, les parents d'Alys, pour s'informer de sa condition. Olivier les connaissait bien, pour les avoir souvent visités en compagnie d'Alys, du temps de leurs amours.

Lorsque, à sa sortie de l'Hôpital Saint-Michel-Archange, une fête fut organisée pour la chanteuse, au cabaret Montmartre, rue Saint-Laurent, Olivier fut l'un des premiers à accepter d'y participer. Ils eurent quelquefois l'occasion de participer ensemble à des revues de Jean Grimaldi au Canadien et leurs rapports furent très amicaux. Madame Robi m'a confié que papa avait été l'amour de sa vie.

JEAN GRIMALDI: LE SECOND PÈRE D'OLIVIER

Raconter des anecdotes concernant les tournées de Grimaldi et les coups pendables dont ce dernier était victime de la part d'Olivier demanderait plusieurs chapitres de ce livre tant elles sont nombreuses.

Voici ce qui se produisit dans un petit village au nord du Québec. Avec la complicité du corps policier de la municipalité, on monta un coup pendable à Monsieur Grimaldi. Olivier fit semblant d'être ivre-mort.

Le policier qui s'était fait le complice du mauvais coup, embarqua Olivier pour ivresse et l'enferma au poste de police. Le directeur de la troupe, Grimaldi en personne, prévenu par les autres comédiens, vint constater les dégâts par lui-même. Il avait trouvé Olivier couché dans une cellule, complètement ivre. Il n'était même pas question de le ramener au théâtre, il était trop saoul. Il fut donc décidé qu'il passerait la nuit en cellule, afin de lui donner une bonne leçon au réveil. Monsieur Grimaldi revint au théâtre complètement désespéré: «Cacarisse, il faut faire le spectacle quand même. Il faut le remplacer à tout prix...»

Il annonça aux membres de la troupe qu'il allait jouer le rôle d'Olivier. Tous évitèrent de lui rire au nez, sachant la duperie. Monsieur Grimaldi se maquilla, prit les vêtements d'Olivier, les enfila et monta sur scène. Le rideau s'ouvrit sur lui. Comme il essayait de faire le pitre un peu comme le faisait Olivier, il entendit une bonne réplique provenant de la salle.

«Ça marche, et les gens aiment ça, pensait-il. Ils me trouvent même aussi drôle qu'Olivier...» La salle continuait de rire encore plus fort... Monsieur Grimaldi n'en revenait pas, à quel point le public le trouvait drôle... Sans le savoir, derrière lui, Olivier faisait le clown et c'est ce qui faisait rigoler la salle. Le public riait de voir Grimaldi se faire passer un sapin par Olivier. Jean fit toute une tête, en se retournant, pour finalement apercevoir Olivier derrière lui. Ce qui était encore pire, c'est qu'il était complètement sobre. Une fois encore le bon Père Grimaldi s'était fait prendre.

Olivier prenait un plaisir fou à tendre toutes sortes de pièges à son «second père» comme il l'appelait si bien. Jamais le Père Grimaldi ne se fâchait vraiment contre Olivier. «Je ne peux pas être fâché contre toi, callevasse, je t'aime comme si tu étais mon fils, mon sang... je ferais n'importe quoi pour toi... mais cesse de me jouer de vilains tours, tu vas me rendre fou... je ne sais jamais si c'est vrai ou si c'est une blague», disait-il à son protégé.

Monsieur Grimaldi se plaignait du penchant d'Olivier pour la bouteille. Comme il tentait un jour de trouver le flacon de cognac de ce dernier, il fouilla partout, jusque dans les bagages de tout le monde pour trouver la fameuse bouteille d'Olivier. Finalement, c'est dans la valise de Monsieur Grimaldi que Olivier avait caché son flacon. C'était le seul endroit que le «patron» ne puisse soupçonner.

En Grimaldi, Olivier avait trouvé sa meilleure victime. Il jouait le gars ivre hors scène et Monsieur Grimaldi se mettait à tempêter: «Mais, cacarisse, pourquoi tu me fais ça, Olivier, tu sais qu'il faut faire le spectacle?» Olivier jouait le gars ivre jusqu'au moment d'entrer en scène. Tout à coup, Grimaldi réalisait qu'il était complètement à jeun. «Cacarisse de callevasse...» était son patoi.

Une grande amitié a uni Olivier à Jean Grimaldi. Elle se poursuivra tout au long des années de sa vie. Madame Fernande Grimaldi, l'épouse de Jean, sera aussi très présente dans la carrière d'Olivier. Elle sera l'un de ses importants imprésarios alors qu'elle sera associée à Jeanette Daniel pour l'Agence Grimaldi-Daniel.

LES BELLES ANNÉES DES THÉÂTRES NATIONAL ET CANADIEN

Les années 1948-49-50-51 et 52 ont été très florissantes pour le burlesque et le vaudeville. C'était l'après-guerre, la télévision n'était pas encore arrivée chez nous et pour voir ses vedettes le public dévait se rendre au théâtre ou au cabaret. Les plus fréquentés étaient le National, dirigé par Rose Ouellette, et le Canadien, sous la direction de Jean Grimaldi. Ce dernier croyait en Olivier depuis ses débuts et il en faisait la vedette de ses revues. Olivier était de l'ouverture du spectacle, comme de la clôture; il était aussi le premier comique de la comédie.

Monsieur Grimaldi ne se cachait pas d'ailleurs pour dire d'Olivier: «Ses possibilités n'ont pas de limites, il arrive à tout faire sur scène... J'ai travaillé avec lui pendant plus de 20 ans et il n'a jamais déçu son public. C'était le roi du vaudeville de son époque, comme l'avait été son père en son temps... Et c'est le public qui l'avait ainsi couronné, par son assiduité aux spectacles. Il suffisait que le nom de Ti-Zoune jr apparaisse sur la marquise pour qu'on fasse la file devant le théâtre en matinée et soirée...»

Tout au long de sa vie, Jean Grimaldi n'aura œuvré que pour ce métier. Il monta des centaines de revues. La formule était la suivante: Ouverture avec danseurs et danseuses, chanteurs, chanteuses. Puis c'était la comédie, souvent en deux actes. Suivait une vedette de la chanson, tantôt d'ici, tantôt d'outre-Atlantique.

«Nos comédies partaient d'un canevas de situation, puis on faisait une petite répétition et, à chaque soir, c'était différent, tant par la durée que par le contenu. On s'efforçait de trouver de nouvelles blagues à chaque représentation. Il arrivait aussi que les comédiens tentent de se faire rire entre eux... C'était un véritable jeu entre nous, surtout avec Olivier. Il régnait un esprit de famille extraordinaire entre les artistes. En fait, nous étions ensemble plus longtemps qu'avec nos propres familles. Nous avions des représentations en matinée et en soirée, ensuite nous allions jouer au cabaret. Nous passions donc nos journées et nos soirées ensemble...» m'a confié Monsieur Grimaldi.

Paul Berval a connu Olivier à cette époque même du Canadien et du Radio-Cité. «J'avais joué du côté du drame aussi, entre autres au théâtre Arcade. Je suis venu au Canadien comme chanteur, ensuite on m'a donné des petits rôles. J'ai aussi eu la chance de travailler avec Monsieur Guimond dans des stades. Comme ces derniers étaient avant tout utilisés pour les combats de lutte et de boxe, nous devions jouer directement dans l'arène. Naturellement, il y avait des gens tout le tour de l'arène, et il fallait par conséquent jouer sur tous les côtés. Une partie des clients avait payé 0,50$, une autre partie, 0,35$ et les autres, 0,25$. Il fallait donc chanter plus souvent devant ceux qui avaient payé plus cher. Si on avait le malheur de l'oublier, certains spectateurs qui payaient le prix maximum nous le rappelaient. Il fallait aussi avoir des chansons à plus de quatre couplets et quatre refrains. Un jour mon frère, Roland Bédard, qui était chanteur et se produisait aussi dans les stades, avait entendu des débardeurs qui avaient payés 0,25$ lui crier: Dis donc, Bédard, t'aurais pas des chansons à quatre couplets? Il fallait tourner sans cesse sur scène, tout au long de la performance. Les comédiens devaient en faire autant en racontant leurs histoires.»

La scène, à cette époque, était régie par des lois, et il fallait les observer. Le premier comique était le seul à venir sur le devant de la scène. Une ligne de craie blanche, au sol, délimitait son territoire. Même situation pour le second comique qui, lui, devait demeurer derrière le premier, mais moins éloigné que les autres comédiens de la pièce. Monsieur Guimond était très strict là-dessus et si le second comédien avait le malheur de trop avancer, il recevait un avertissement dès sa sortie de scène... «Monsieur Guimond ne mâchait pas ses mots dans ses commentaires», souligne Berval.

«J'ai beaucoup travaillé avec Olivier. J'aimais beaucoup cela, et je crois qu'il en fut de même pour lui. Nous avions une bonne complicité. J'avais beaucoup de facilité à le suivre, je jouais tantôt le faire-valoir, tantôt le second comique.»

CHAPITRE 4

L'AMOUR S'APPELLE JEANNE D'ARC CHARLEBOIS

Pour oublier Alys, Olivier se lança dans le travail. Il connaîtra quelques flammes, sans importance, mais il noyait ses échecs amoureux dans le cognac.

Jean Grimaldi lui a offert de partir en tournée en 1943. «Ça va te faire du bien de t'éloigner de Montréal. Il faut que tu te prennes en mains, Olivier, tu ne peux pas continuer à boire comme ça. Tu as trop de talent pour le gâcher ainsi. Florida Roy et Madame Pétrie vont être de la tournée», lui dit Monsieur Grimaldi.

Olivier part donc en tournée. Une jolie jeune fille, mince, grande et très blonde a aussi été engagée par Jean Grimaldi, elle se nomme Jeanne D'Arc Charlebois. Son nom est déjà très connu dans le milieu. Auprès du public aussi, bien sûr. On l'entend à la radio, elle a été de plusieurs tournées de «Ti-Pit et Fifine» avec Eddy Gélinas et Germaine Lippé en 1937. Elle fut de l'émission quotidienne *Restaurant Allouette* avec Edgar Goulet. Elle a parcouru le Québec en tournée avec Ovila Légaré et Georges Bouvier, les interprètes de *Nazaire et Barnabé*, une émission radiophonique qui connaissait alors une popularité incroyable. Lorsque la saison se terminait à la radio, les comédiens partaient en tournée pour quelques mois. Comme Jeanne D'Arc Charlebois se spécialisait dans les voix et imitations de toutes sortes, elle était très en demande à la radio, comme sur disque et au théâtre.

Olivier remarqua très vite la jeune femme. Il la guettait, l'observait. Il était presque intimidé lorsque, se sentant observée, leur regard se croisait. Jeanne D'Arc était une fille de bonne famille, élevée avec des principes. Elle dégageait une certaine classe, une prestance qu'Olivier n'avait pas encore retrouvée chez «ses femmes» auparavant. Il la sentait plus racée.

Pour rédiger ce chapitre et le suivant, j'ai fait appel à Jeanne D'Arc Charlebois, et lui ai demandé de me raconter son histoire d'amour avec papa. Elle accepta sans se faire prier. Voici son témoignage.

«Tout d'abord, ça n'a pas été un coup de foudre. J'avais eu un seul cavalier auparavant, un gentil garçon, très beau d'ailleurs. Il habitait Québec. Il faisait le trajet, par train, tous les quinze jours de Québec à Montréal. Il venait me visiter. Bien sûr, il n'était pas question que mon père me laisse sortir avec lui, pas même pour aller manger une crème glacée, au restaurant du coin. Nous devions veiller au salon, assis en face de mon père qui nous chaperonnait. C'est dire combien c'était sévère chez moi. Le pauvre gars repartait vers Québec sans dire un mot. Il m'avait à peine regardée dans le yeux et tenu la main quelques

48

secondes. Ma mère était beaucoup plus compréhensive que mon père. Mais c'était lui, le chef de famille.

«La première fois que j'ai vu Oliver (je ne pouvais pas l'appeler Olivier, pour moi c'est une autre personne), il était avec Alys Robi et Baloune (Alex St-Charles). Je chantais à La Tour de Québec, et ma mère m'accompagnait au piano. Je me souviens qu'ils étaient venus présenter un numéro. Ils faisaient un sketch, puis Alys chantait quelques pièces. Alys était très jeune. Ils étaient déjà séparés lorsque j'ai connu Olivier, en tournée. Il était tellement charmant... et charmeur.

«Il nous envoûtait avec ses gentillesses de toutes sortes. C'était un séducteur. Je lui ai sans doute tapé dans l'œil comme toutes les femmes qu'il trouvait de son goût... Il avait toutes sortes de petites attentions et j'étais très sensible à cela. Je n'avais pas été habituée à ce traitement chez mes parents. J'avais eu un père très sévère.

«Olivier était un grand sentimental. Tous les soirs, à la radio, à minuit, il y avait une émission titrée *Moon River*. On y entendait trois jeunes filles qui chantaient accompagnées à l'orgue. La chanson thème de l'émission était cette jolie mélodie qui porte le titre de *Moon River*. À chaque fois que je l'entends, je ne peux m'empêcher de penser à cette époque, à Olivier...

«Olivier adorait cette chanson ainsi que l'émission. Il faisait en sorte de finir son numéro avant que l'émission ne débute. Il courait se démaquiller et filait ensuite dans sa voiture pour écouter *Moon River* à la radio. Sa première invitation fut de venir écouter l'émission dans sa voiture. Il me tenait la main. C'était romantique. C'était la première fois que ça m'arrivait. J'étais encore une jeune fille pure.

«Il n'était pas question, non plus, de partager les mêmes draps avant le mariage. Je partageais la même chambre que Blanche Desmarteaux, l'épouse d'Alphone Desmarteaux qui était aussi de la tournée. Olivier était très respectueux à mon endroit. Il n'a jamais été déplacé durant nos fréquentations. Il se comportait en gentilhomme. Il m'a présenté ses parents lesquels m'ont bien accueillie. Du côté de ma famille, ce fut moins agréable. Comme Olivier avait déjà été marié une première fois, c'était mal vu. Puis quand je leur ai annoncé qu'il était divorcé, ça n'a pas arrangé les choses. Le mot «divorce», à l'époque, était un mot qu'on prononçait à voix basse. Lorsqu'on disait de quelqu'un c'est un ou une divorcée, ça n'était pas flatteur à l'endroit de la personne. Mes parents refusaient que je le reçoive à la maison. Et pourtant j'étais majeure déjà.»

OLIVIER DIT «OUI» UNE SECONDE FOIS

«C'est Olivier qui fit la demande en mariage, poursuit Jeanne d'Arc Charlebois. Il y eut des fiançailles officielles. Nous eûmes notre première nuit d'amour quelques semaines plus tard. Il m'avait promis de m'épouser, je pouvais donc être sienne. Il n'était cependant pas question d'habiter ensemble avant de s'épouser. Lorsque Olivier me proposa d'aller nous marier aux États-Unis, je ne vis pas d'objection. Je savais de toute manière que mon père n'allait pas débourser un sou pour mon mariage. Aussi bien nous épouser à l'extérieur. Ainsi nous ne déplacions personne et ça coûtait moins cher aux familles. Surtout que nous étions au lendemain de la Seconde guerre.

«Nous nous sommes épousés le 16 mai 1946, à Woonsocket, dans le Rhodes Island. Nos témoins étaient Fernande et Jean Grimaldi. La lune de miel fut de courte durée, car il fallait poursuivre la tournée. Au fond, pour nous ça importait peu. Nous étions amoureux et avions maintenant tout l'avenir devant nous.

«Mes parents n'ont appris la nouvelle de notre mariage qu'une semaine plus tard. La première réaction de mon père fut de croire que j'étais enceinte. Pourtant, je n'ai eu mon premier enfant que cinq ans plus tard. Les premières années de notre mariage allèrent bon train. Je travaillais beaucoup et il en était de même pour Olivier... Il arrivait souvent que nous nous retrouvions sur la même scène...

«Il pouvait être l'être le plus merveilleux du monde, un homme adorable, charmant comme on en trouve rarement. Mais il pouvait aussi, par ses comportements, faire très mal à ceux qui l'aimaient. J'ai pleuré des nuits à l'attendre, seule à la maison avec les deux mômes, ne sachant pas s'il lui était arrivé un accident... Après tout, il conduisait sa voiture pour rentrer aux petites heures du matin... Il se tuait à petits feux !», confie Jeanne D'Arc qui vécut 10 ans avec papa.

UNE CRUELLE SÉPARATION

«À cette période de sa vie, Olivier buvait plus souvent qu'à son tour. Il se faisait entraîner très facilement. Si je m'en plaignais, il me promettait de ne plus recommencer, mais la rechute l'attendait au coin de la rue, dès qu'il voyait une taverne. Il suffisait que des amis lui donnent une tape sur l'épaule en lui disant qu'il était un bon gars et Olivier était heureux. Il n'en demandait pas plus», raconte encore Jeanne D'Arc Charlebois.

«Olivier n'avait aucun sens des responsabilités. Lorsque je me suis retrouvée enceinte de mon premier enfant, Olivier jubilait. Il était content. Pourtant, il était de moins en moins présent à la maison. Il partait vers l'heure du dîner et ne revenait qu'aux petites heures du matin.

«Lorsque Richard naquit, le 7 décembre 1951, j'ai cru que l'enfant allait le rapprocher du foyer. Hélas, j'avais rêvé. Dans les premiers mois, il se fit modestement présent. Il travaillait toute la journée et la soirée. La nuit, après le travail il sortait avec les copains. Il lui arrivait de rentrer vers les 4 heures du matin avec des amis, comme Georges Leduc; ils étaient «pompettes». Alors, Olivier allait réveiller son fils pour le montrer aux amis: «Regardez mon gars comme il est beau, il va ressembler à sa mère...»

«Heureusement, Richard était un bon bébé et il ne pleurait jamais... Je le prenais dans mes bras et allais le recoucher. Notre second fils, Marc, est né le 8 juin 1953. Monsieur et Madame Guimond furent les parrain et marraine de Marc. Dans le cas de Richard, nous avions choisi mes parents.

«Olivier était de plus en plus absent de la maison. Comme il prenait un verre et qu'il était le «roi des payeurs de traites», il n'avait jamais un sou dans ses poches... Très souvent, il me demandait même de lui en prêter.

«À cette époque, je travaillais aussi beaucoup de mon côté. Je tenais l'affiche dans des boîtes renommées et souvent mon cachet était supérieur à celui d'Olivier. Cela l'humiliait sûrement. Alors, pour oublier, il prenait un verre, un autre, puis un autre... il portait mal la boisson... Il ne lui en fallait pas beaucoup, finalement. Il y eut un moment où sa santé s'en ressentit. Je lui proposai même d'aller suivre une cure de désintoxication à l'extérieur du pays et sous un autre nom, mais il refusait toujours d'admettre qu'il avait un problème d'alcool.

«Il a dépensé une fortune en boisson, pour lui et pour les autres. Il m'arrivait de le chercher la nuit et je téléphonais au Club Provincial où il avait l'habitude de terminer ses soirées. On me disait qu'il dormait sur un canapé. Le lendemain, il rentrait, malade d'avoir trop bu. Il se rafraîchissait, changeait de vêtements et repartait aussitôt.

«Olivier n'aimait pas la chicane. Il avait un très bon caractère. C'était aussi un grand artiste. Jamais jaloux de qui que ce soit. J'ai toujours reconnu ses belles qualités. Mais il avait trois grands défauts: le manque de responsabilité, l'infidélité et la boisson.

«Lorsque nous sortions en voiture et qu'il buvait trop de cognac (de toute façon, il ne lui en fallait pas beaucoup) je disais: Olivier, c'est moi qui conduis... Il répondait: C'est à qui la voiture ?... Alors je prenais un taxi et il partait à toute allure en direction de la maison. Il arrivait naturellement avant moi et il venait m'ouvrir la portière en me disant: «Madame a fait bon voyage? Madame désire-t-elle un traitement spécial? Comment ne pas éclater de rire!... Il était difficile de le chicaner... Il tournait tout à la blague...

«Pendant des années, Olivier m'a dit qu'il ne pouvait avancer dans son métier, parce que son père lui mettait des bâtons dans les roues. À la mort de Monsieur Guimond, je lui ai dit: «Tu attribuais tes problèmes à ton père. Il n'est plus là maintenant, rien ne t'empêchera plus d'avancer, de progresser... Olivier m'avait alors répondu: «Il y a encore quelqu'un qui m'empêche, c'est toi...» Sa réponse m'avait glacée. Je ne m'y attendais pas. Je crois qu'il le pensait vraiment.

«À cette époque, une femme ne pouvait quitter le pays sans avoir l'autorisation de son mari... Il fallait donc qu'Olivier signe et me laisse amener les enfants avec moi... C'est Frenchie Jarraud qui m'a aidée. Il était alors imprésario d'artistes; il m'a fait un faux contrat et Olivier a accepté de me laisser partir... Pour trois mois... Mais je ne suis pas revenue... Olivier et sa mère m'ont escortée jusqu'à New York, où je me suis embarquée sur le paquebot *Ile-de-France*, avec les deux enfants. Nous avions tous les larmes aux yeux. Ce fut un moment difficile à vivre pour les enfants comme pour Olivier et moi-même. Mais je devais partir.

«C'est à ce moment-là que ma carrière prit véritablement son essor. J'avais fait la connaissance de Gilbert Bécaud au théâtre Séville et ses imprésarios m'avaient bien recommandé de les contacter si un jour j'allais en France. Ce que je fis dès mon arrivée là-bas.

«Je n'ai jamais regretté mon mariage avec Olivier. Nous avons eu de beaux moments, et de moins agréables aussi. Ce qu'il m'a donné de plus beau et de plus précieux ce fut mes deux enfants. C'est ainsi que je voyais l'évolution normale de la femme: les fiançailles, le mariage, les enfants... C'étaient les principes auxquels je croyais et j'y crois toujours d'ailleurs...»

J'ai eu la chance de connaître Jeanne D'Arc Charlebois après la mort de mon père et elle fut d'une grande gentillesse à mon endroit. Nous avons eu d'ailleurs quelques rencontres avec mon grand frère Richard et sa petite famille. Je crois que Jeane D'Arc a beaucoup aimé mon père et qu'elle n'eut pas le choix de s'exiler en France pour y entreprendre une carrière internationale. Elle prit alors le nom de Jeanne D'Arbois. La séparation fut sans aucun doute très difficile pour les deux. Papa perdait femme et enfants. Il allait se retrouver seul et sombrer davantage dans les vapeurs du cognac. «Je n'ai jamais interdit à Olivier de venir visiter les enfants, dira Jeanne d'Arc Charlebois. Il était le bienvenu en tout temps.»

CHAPITRE 5

LA MORT DE TI-ZOUNE SR

Oliver Guimond sr, dit Ti-Zoune, est décédé le 9 octobre 1954, à l'âge de 61 ans et sept mois, des suites d'un cancer généralisé. Il rendit l'âme au Royal Victoria après une année de maladie qui fut très douloureuse.

Le tout débuta par un cancer de l'intestin pour ensuite se propager à la prostate et, finalement, s'attaquer à tous les organes vitaux. Il dut cesser de travailler et passer de longs mois à sa maison de campagne à Pointe Fortune. (Les Guimond habitaient rue Saint-Denis, près Saint-Zotique, à Montréal.) Annie MacDonald, sa belle-sœur (épouse de Charles) assistera Effie durant la maladie du grand comique. La famille MacDonald fut très présente dans les dernières heures du roi de la scène. Effie était à son chevet au moment de son décès. Elle perdait la moitié de sa vie en voyant son homme la quitter.

Olivier jr s'était beaucoup rapproché de son père durant la maladie de ce dernier. Il avait répondu un jour à un journaliste qui lui demandait s'il avait tenu rancœur à son père qui avait été si dur avec lui: «Non, j'ai toujours pensé que papa était le meilleur père du monde. Il voulait le meilleur pour moi... Il était aussi mon modèle... C'est en le regardant que j'ai tout appris...»

Le jour où son père rendit l'âme, Olivier était à l'extérieur de Montréal. Il pleura son paternel durant de longues heures. Malgré une certaine rivalité qui semblait éloigner les deux hommes, une grande affection les a unis durant leur vie, et elle fut encore plus intense dans les derniers mois de Ti-Zoune sr.

Sa dépouille mortelle fut exposée à la résidence Godin, rue Rachel. Les Guimond et les Godin étaient des amis de longue date et Olivier senior avait manifesté à Effie, son épouse, qu'il voulait que ses restes soient exposés chez son ami Godin. Il eut droit à d'imposantes funérailles. Le Québec avait perdu un grand comique. Le plus grand, selon plusieurs. Son fils allait maintenant prendre la relève, s'affirmer. Ce fils se prénommait Oliver, lui aussi.

Plus tard, la télévision exigera qu'on ajoute un i à Oliver pour en faire Olivier. Par contre, sa famille et ses amis l'appelèrent toujours Oliver. Il sera aussi pour le grand public Ti-Zoune junior. Bientôt, le qualificatif junior allait disparaître aussi et on le désignera tout simplement sous le nom de Ti-Zoune.

OLIVIER DEVIENT TI-ZOUNE JR

S'il connut des débuts peu encourageants, ce n'est qu'après la mort de son père qu'Olivier deviendra vraiment Ti-Zoune Jr. Il avait adopté le nom durant quelque temps avant la mort de son père et ce dernier n'avait pas apprécié. Il leur arriva même de travailler dans deux théâtres situés l'un en face de l'autre, rue Saint-Laurent et c'était la compétition entre le père et le fils. Les deux attiraient des foules nombreuses. Olivier résumait la situation en racontant que les gens du Starland riaient tellement fort qu'on les entendait même de l'autre côté de la rue, au King Edward.

Olivier sera pour un moment le faire-valoir, le *straight-man* de Pizzi-Wizzi, puis il fera équipe avec Paul Desmarteaux, Léo Rivet et Manda. Cette dernière m'a confié avoir joué avec les deux Guimond: elle avait débuté avec le père et terminé avec le fils. «Le jeu était aussi intense avec l'un qu'avec l'autre», disait-elle.

Léo Rivet, quant à lui, fut le faire-valoir des deux Guimond. Léo, toujours d'une grande franchise, dira qu'il préférait travailler avec le père. «Le père était difficile, il fallait se tenir les oreilles molles quand on jouait à ses côtés. Il fallait avoir le sens du *timing*... Savoir quand intervenir et poser la bonne question... Dans la vie, mis à part son problème de boisson, Olivier était le meilleur gars du monde. Il pouvait tout donner pour faire plaisir aux autres.»

«Si Olivier n'avait pas eu ce problème de la bouteille, il aurait eu une carrière encore plus imposante que celle qu'il a connue. Il aurait suffi qu'il ait un bon imprésario, qu'il soit responsable de ses engagements, et il aurait très bien pu faire carrière aux États-Unis. Il était de la trempe des Chaplin, Keaton, Fernandel et autres grands comiques du temps... Son père avait, par contre, connu un passage remarquable à New York, grâce à Jean Grimaldi, qui avait joué le rôle d'imprésario pour Ti-Zoune sr.»

Monsieur Grimaldi a beaucoup fait pour les Guimond, père et fils. D'ailleurs, Olivier jr disait à qui voulait l'entendre que Jean Grimaldi était son père artistique et que ce dernier avait eu à son endroit un comportement souvent plus paternel que son propre père.

Après le décès de son père, Olivier prendra en charge sa chère mère Effie. Il veillera sur elle tout au long de sa vie. Elle ne manqua jamais de rien et il y veilla sur elle jusqu'à sa mort.

Olivier n'allait pas manquer de travail non plus. Quand il n'était pas au cabaret, il était sur la scène du National ou du Canadien, dirigés par Jean Grimaldi et Rose Ouellette.

Et, en 1951, viendront le Radio-Cité (appelé auparavant Mayfair), puis le Gayety; ce théâtre deviendra plus tard la Comédie-Canadienne, sous la direction de Gratien Gélinas (actuellement c'est le site du Théâtre du Nouveau Monde). Olivier y côtoyait les Claude Blanchard, qui débutait tout comme les Jérolas, Paul Thériault, Roland Reynaldo, Carole Mercure, Denise Dequoy (la fille de Rose Ouellette et de Marcel Dequoy), Liliane D'Orsen, Lucie Mitchell, Florida Roy, Aline Duval, Pierre Thériault, Ti-Gus et Ti-Mousse, Flora King, Paolo Noël, Juliette Pétrie, Pierre Leroux, Mickay Vail, le duo Rémy et Kelly, et, bien sûr, la chère Manda.

Le numéro de *Trois heures du matin* fut l'un des grands classiques du vaudeville. Olivier jouait le gars soûl qui rentre chez lui à trois heures du matin et que sa femme attend avec le rouleau à pâte à la main. Elle décide qu'il va devoir coucher dehors... Dans la cabane du chien. Olivier était incroyable dans ce sketch. Il tombait par terre, se frappait contre le mur. Il reprendra ce numéro des années plus tard avec Juliette Huot et Manda au Théâtre des Variétés de Gilles Latulippe. C'était le délire chaque soir, lorsque Olivier Guimond et son *Trois heures du matin* étaient à l'affiche d'un théâtre ou d'un cabaret.

IL ÉTAIT UNE FOIS
LES NUITS DE MONTRÉAL

À cette époque la télévision venait tout juste de faire son entrée dans les foyers québécois. Les Nuits de Montréal étaient très populaires. Le public faisait la queue à la porte des cabarets du temps. C'était pour lui, avec le théâtre, sa seule possibilité de voir ses artistes favoris en personne et à l'œuvre. À l'époque, durant les années 50 et 60, les cabarets affluaient tant dans la Métropole qu'en banlieue. Il y en avait de tous les genres. Certains étaient plus huppés que d'autres, mais il n'en demeure pas moins que tous avaient une clientèle, qu'on y faisait travailler des artistes et que c'était l'ère florissante des vedettes de la scène.

À la fin du livre, vous trouverez une liste abrégée des boîtes et cabarets du Montréal métropolitain du temps. Olivier Guimond et tous les artistes du vaudeville, du burlesque et du music-hall auront foulé les planches ces établissements. Vous y reconnaîtrez sûrement des noms qui, à une certaine époque, vous furent familiers. Ils sont passés à l'histoire. Ces établissements faisaient partie de ce que l'on appelait alors: «Les Belles Nuits de Montréal» ou le «Montréal By Night».

Certaines personnalités et vedettes se lancèrent aussi dans l'aventure des cabarets et rendirent célèbre l'établissement qui portait leur nom. On pense à des endroits comme chez Yvon Robert, Le Ranch à Willie, chez Butch Bouchard, chez Larry Moquin, chez Taika, chez André Roc, chez Fernand Gignac, la Cravate Blanche de Claude Blanchard, chez les Scribes, le Vic's Café de Vic Cotroni, et le Norman night Bar. Il demeure très peu de ces établissements de nos jours. Au fil des ans, ils ont disparu, les uns après les autres.

La Vieille Capitale avait aussi ses temples du spectacle: Chez Gérard, La Porte St-Jean, Le Baril d'Huîtres, La Tour, et sûrement d'autres qui échappent à notre mémoire...

La télévision a été pour beaucoup dans la disparition des cabarets. Le phénomène des discos des années 70 a aussi largement contribué à l'élimination des spectacles de variétés qu'offraient les boîtes de nuits de l'époque. Olivier a connu les années glorieuses des cabarets, il en fut une des plus grandes vedettes que le Québec ait connues.

Aujourd'hui, lorsqu'on réfère à la carrière d'Olivier, on a surtout tendance à se rappeler l'époque de *Cré Basile*, mais, en fait, lorsque Olivier devint vedette du petit écran avec cette série de Marcel Gamache, il était déjà une grande vedette de la scène, tant du côté cabaret qu'au théâtre et en tournée. Il était connu partout en province comme Ti-Zoune jr. Il devint aussi simplement Ti-Zoune. Il se produisait avec son partenaire Paul Desmarteaux et le tandem faisait courir les foules.

Leur plus célèbre numéro était sans contredit *Jos Cypius*. Ce sketch est un classique d'Olivier, il y est hilarant. Il recevait à chaque représentation cinq ou six gifles de la part de Desmarteaux. Olivier savait tomber comme nul autre. Lorsqu'il voyait venir la main de Paul, il se donnait un élan qui le projetait au sol. La claque semblait plus forte et permettait à Olivier de faire toutes les culbutes imaginables. Ils jouèrent ce numéro des centaines de fois et jamais de façon identique. Olivier était le roi de l'impro et Desmarteaux, un excellent faire-valoir. Ils se complétaient très bien. Leur différence sur le plan physique apportait aussi un élément de plus à la comédie. Paul avait une grosse voix, était costaud et très sérieux. Olivier était petit, naïf et très drôle. Cela créait un excellent *duo* dès le départ.

Papa travailla très peu souvent en solo. C'est d'ailleurs comme membre d'un tandem qu'il fera ses débuts au petit écran. Avec Paul Desmarteaux. Né le 24 juin 1905, Paul avait débuté avec la troupe Barry-Duquesne au Théâtre «Family». Auparavant, il avait été placier et machiniste au théâtre St-Denis. Il fera aussi escale à l'Arcade avant d'aboutir au National. C'est durant une tournée de Jean Grimaldi, en Nouvelle-Angleterre, qu'il fera la connaissance d'Olivier. Il sera son meilleur faire-valoir et, plus tard, Denis Drouin remplaça avec succès Paul Desmarteaux.

LA TÉLÉVISION OUVRE SES PORTES
À OLIVIER

En 1952, la télévision québécoise diffuse ses premières émissions. Les artistes du vaudeville et du burlesque n'y sont pas invités, bien sûr. On les snobe en les ignorant. Pourtant, le grand public adore ce style de comédie.

Ce n'est qu'en 1955 qu'Olivier fera sa première apparition au petit écran. Il est reçu avec Juliette Huot à l'émission *Rollande et Robert*, animée par le couple-télé modèle, Rollande Desormeaux et Robert L'Herbier. Ce dernier fera plus tard entrer Olivier à CFTM. Le passage d'Olivier a plu. Aussi l'invitera-t-on à participer à une émission plus prestigieuse, à l'affiche le dimanche soir. En compagnie de Paul Desmarteaux, il présentera un sketch à *Music Hall*, la grande émission de variétés, animée par Madame Michelle Tisseyre. On reçoit ce dimanche soir la grande Édith Piaf. L'émission est diffusée en direct à Radio-Canada. Quelques minutes avant que ne débute l'émission, Olivier est dans tous ses états. Il est pris d'un trac fou. Paul Desmarteaux, son partenaire, tente de le calmer. Olivier ne trouve qu'une solution, prendre un bon verre de cognac! Piaf était l'idole d'Olivier, il adorait et ses chansons et ses interprétations. Il fut très impressionné de la rencontrer.

Le maître-réalisateur Noël Gauvin fut le premier des réalisateurs-télé à faire confiance à Olivier. Lorsque l'émission est terminée, Noël viendra dire au tandem combien il est fier de leur performance. Il leur dira: «Vous venez de prouver ce que je croyais depuis longtemps, soit que vous seriez un succès à la télévision. Le public a besoin de comédie pour oublier les moments trop sérieux de la vie».

Pour ces messieurs de Radio-Canada, la façon de travailler d'Olivier était dangereuse. Cette formule *ad-lib* ne leur souriait pas tellement. Ils avaient peur car ni Olivier ni Paul n'avaient de texte. Il y avait un canevas, mais ils improvisaient tout devant la caméra. À la Société d'État, cela ne s'était jamais vu auparavant. Olivier et Paul seront des invités privilégiés de *Music-Hall* et des *Rendez-vous avec Michelle Tisseyre*. Chaque passage d'Olivier est fortement apprécié du grand public.

En 1958, Olivier se voit confier un rôle épisodique dans le téléroman de Germaine Guévremont, *Marie-Didace*. Olivier y incarne Bezeau, un gars sympathique qui apporte détente et bonne humeur partout où il évolue. Il est, en fait, un homme à tout faire dans une pâtisserie soreloise. Madame Guévremont se félicita d'avoir fait confiance au réalisateur Paul Colbert qui lui avait vanté les talents d'Olivier, au point qu'elle écrive un rôle pour lui, celui de Bezeau.

On reverra, hélas, le tandem Guimond-Desmarteaux trop peu au petit écran par la suite. Paul Desmarteaux devint le Curé Labelle des *Belles Histoires des Pays d'en-haut* de Claude-Henri Grignon. Un rôle qui n'avait rien à voir avec la comédie. Il retrouvera Olivier à maintes reprises dans les cabarets et lors de quelques émissions télé, mais le duo ne récolta jamais le prestige dont il aurait pu bénéficier au petit écran.

Olivier participera à *Ça atomique-t'y* une revue d'Henri Deyglun, auteur et comédien très apprécié depuis des décennies.

Dans les derniers mois de 1958, Olivier participe à deux (mini-séries) *Quatuor* à Radio-Canada. (L'histoire se déroulait en quatre émissions de 30 minutes, diffusées hebdomadairement.) Ce fut d'abord *Un roman-savon* de Robert Choquette et plus tard, *Le cheval de Troie* d'Yves Thériault. Olivier a alors prouvé qu'il était un excellent comédien, puisqu'il pouvait aussi travailler avec du texte. Il fut aussi invité à la télévision anglophone de la Société d'État. Pour le *Denny Vaughn Show*, il se rendit à Toronto et travailla en anglais.

En mai 1958, Olivier retrouve son compère Desmarteaux pour un spectacle-bénéfice au profit des enfants handicapés, le tout présenté au théâtre Odéon-Mercier. Les enfants comme les parents avaient adoré Olivier. Radio-Canada alors proposa un contrat fort intéressant à Olivier. Il s'agit de créer un personnage conçu pour plaire aux enfants et qu'on intégrerait à l'émission *La boîte à Surprises* animée par Pierre Thériault. Le projet fut mis en branle, mais vite mis au rancart en raison de la grève des réalisateurs de la Société d'État.

En juillet et août 1958, on verra aussi Olivier dans la série *Allô, Allô* qui succéda à *Quelles Nouvelles* de Jovette Bernier.

Il avait comme partenaire Madeleine Touchette. Ils remplaçaient Jean Duceppe et Marjolaine Hébert, dans cette émission à sketchs amusants diffusée les vendredis soir. Septembre voit le retour du théâtre National, qui depuis le départ de Rose Ouellette ne se spécialisait que dans la présentation de films. Voilà que

Jean Grimaldi reprend le National et veut lui redonner

son prestige d'antan. Le nom d'Olivier figurera tout au haut de la marquise du théâtre pour l'événement.

CHAPITRE 6

QUAND PAPA
RENCONTRA MAMAN

C'est en tentant de surmonter sa peine d'amour, consécutive à sa séparation d'avec Jeanne D'Arc Charlebois, qu'Olivier allait faire la connaissance de ma mère, Manon Brunelle. Une jeune fille de 17 ans, qui joue les majorettes au théâtre Mercier, alors dirigé par Maurice Gauvin. Coup de foudre pour Olivier et coup de séduction pour Manon. Très vite, ils sont bras dessus, bras dessous. Olivier ne tarde pas à présenter Manon comme la femme de sa vie. Même si Olivier pouvait tout aussi bien être son père, Manon est aussi très éprise de lui.

Papa gâta beaucoup maman et ils passèrent de belles années ensemble. Surtout qu'il connut une longue période de sobriété durant son union avec maman. C'est avec nous qu'il fut probablement le plus heureux, puisque pleinement conscient de sa vie familiale.

Huguette Bouthiller, une amie d'enfance de maman, est responsable de leur rencontre. Huguette avait été embauchée au théâtre Mercier comme majorette. On décida d'ajouter une majorette et on fit appel à Manon Brunelle. Voici ce que Huguette m'a raconté: «J'étais très amie avec Paul Desmarteaux, le faire-valoir d'Olivier à cette époque. Ils étaient de vrais amis. Paul fut probablement le meilleur ami d'Olivier. Dès qu'Olivier aperçut Manon, ses yeux firent trois tours. Elle était très belle. Elle le zieutait aussi à sa façon. Tout comme moi, Manon était attirée par les hommes plus mûrs. Olivier était déjà âgé de 42 ans. Il pouvait être son père.

«Manon n'osait pas s'approcher, elle était timide. Olivier, de son côté, attendait sa chance. Manon adorait le monde des artistes. Elle était fascinée et impressionnée par ces vedettes de la comédie et de la chanson. Paolo Noël avait lui aussi un œil dans sa direction. Pourtant, c'est Olivier qu'elle suivait des yeux. Je me souviens de lui avoir dit un jour: «Mais, bon Dieu, jette-toi par terre, tombe devant lui, enfarge-toi, il va venir à ton secours et l'affaire sera dans le sac. Mais elle était trop timide. Elle n'osait pas faire le premier pas.

«Un jour, alors que, derrière le rideau de scène, je recevais un doux baiser d'un comédien de la revue, Manon fit semblant d'ouvrir le rideau et le comédien lui rétorqua: Niaise pas, Manon. Elle se mit à pleurer et c'est Olivier qui la consola. Ce fut le début de leur idylle.

«Olivier avait, comme la plupart du temps, une autre flamme, en activité. Elle se nommait Henriette. Elle avait les cheveux très noirs et ceux de Manon étaient blonds. En réalité, Olivier préférait les brunes.

Manon l'avait réalisé. Elle décida de changer sa teinte de cheveux. De blond platine, ils devinrent d'ébène.

«Un soir où Olivier et Paul Desmarteaux étaient à l'affiche du cabaret Café du Nord, un événement assez cocasse se produisit. Nous décidâmes Manon et moi de nous rendre au cabaret en question. On nous installa près de la scène. En face de nous se trouvait la rivale de Manon, Henriette. Elle était devenue très blonde. Desmarteaux, réalisant la situation, se mit à blaguer sur scène avec Olivier. Le spectacle terminé, Henriette se précipita vers la loge d'Olivier. C'est alors qu'il lui annonça que leur histoire d'amour venait de se terminer. Manon ne changea jamais la couleur de ses cheveux à compter de ce jour. Olivier la préférait noire. Il l'appelait son «petit canard». Je puis vous assurer que Manon aima Olivier profondément et passionnément. C'était presque trop. Elle l'adorait. Elle a aussi souffert par amour», confie Huguette Bouthiller.

Mon père et ma mère se sont épousés le 19 septembre 1967, dans la petite église de Pointe-Fortune. Les deux mariages précédents de papa avaient été annulés. Le premier, en raison du décès de sa première femme, Evelyn, et le second n'était pas de religion catholique. Huguette Bouthillier m'a raconté que c'est l'abbé Marcel Dandurand qui a béni leur union. J'y étais. Ce fut une très belle journée. Ils étaient beaux, ils s'aimaient, ils étaient heureux. Une petite réception suivit au presbytère et les nouveaux mariés passèrent leur nuit de noces à l'hôtel Bonaventure de Montréal.

OLIVIER NE SAVAIT PAS DIRE NON À SA MÈRE

«Même si elle occupait la première place dans le cœur de son prince charmant, Manon n'allait pas avoir la vie facile pour y demeurer, poursuit Huguette Bouthillier. Elle avait une autre rivale, Effie MacGuimond, la mère d'Olivier.»

Grand-mère avait une très grande emprise sur papa. Elle l'aimait beaucoup, mais à sa façon. En voulant le surprotéger, elle l'étouffait. Lorsque Oliver présenta Manon à sa mère, cette dernière se montra très froide. Elle la trouvait trop jeune pour lui.

«Dans les premiers mois de leur relation, raconte Huguette Bouthillier, Manon habitait chez ses parents et Olivier, de son côté, devait dormir chez sa maman. Il eut une aventure avec une chanteuse. Cette histoire faillit séparer Olivier et Manon à tout jamais. Elle les avait surpris tous deux dans une chambre d'hôtel à Québec. Ils mangeaient des mets chinois, en tête à tête. Manon tomba malade à la suite de ce drame. Olivier fit tout pour la retrouver et se faire pardonner. La rupture dura quelques mois. Manon dut être hospitalisée et elle mit quelque temps à reprendre goût à la vie. Elle ne pouvait oublier Olivier. Elle l'aimait, mais elle ne pouvait accepter de le partager avec d'autres femmes. La réconciliation eut lieu et Olivier fit toutes les promesses du monde pour récupérer sa Manon. Lorsqu'ils décidèrent d'habiter ensemble, ils s'installèrent dans un logement de la rue Dickson. Ce fut le drame. Effie voyait Manon comme la femme qui lui prenait son fils. Pendant un bon moment, Olivier dut quand même aller dormir chez sa mère, au moins trois soirs par semaine. C'est d'ailleurs moi qui le provoquai à mettre ses culottes et à dire à sa mère qu'il ne viendrait plus dormir chez elle. Je crois que c'est la première fois qu'Olivier tint tête à sa mère...

«Celle-ci fit tout un drame et en voulut davantage à Manon. Elle, de son côté, ne demandait pas mieux que d'être gentille avec sa future belle-mère. Olivier ne voulait pas que Manon connaisse les sentiments de sa mère, à son endroit. Lorsque Manon tomba enceinte, Olivier n'osa pas le dire à sa mère. Mais il a fallu qu'il le fasse, car elle risquait de l'apprendre d'autres sources. C'est à Manon qu'il confia la tâche d'informer Effie. Ce qui aurait dû être une bonne et heureuse nouvelle fut reçu comme une honte. Olivier avait de la peine, mais il gardait tout en dedans.

«Pour calmer sa mère, il lui avait fait croire que le bébé serait donné en adoption après la naissance. Lorsqu'il m'en avait parlé, je l'avais traité de poule mouillée et il n'avait pas aimé cela. Je ne comprenais pas qu'il fût aussi faible devant sa mère. En fait, Olivier était un grand faible et il le fut toute sa vie. Faible devant un père autoritaire, devant une mère possessive, devant la boisson, devant les femmes... à qui il ne pouvait jamais faire d'affront. Il ne voulait pas déplaire, ne voulait pas blesser. Toute sa vie, Olivier, n'aura jamais su dire «non» quand il le fallait. Cela lui aura souvent coûté cher. Combien de fois, ne l'ai-je pas entendu dire «Combien ça coûte pour avoir la paix?» Cette paix, il était prêt à l'acheter à tout prix.»

UNE GRANDE MAISON
POUR LES GUIMOND

Toute sa vie Olivier aura tenté de rendre tout le monde heureux. C'est ainsi qu'il fit construire, rue Monsabré, une immense maison de quatre logements. Madame Brunelle, la mère de Manon, habitait le sous-sol, Olivier et Manon, le rez-de-chaussée, alors que Madame Guimond, la maman d'Olivier habitait le second. Comme il y avait deux logements à cet étage, l'autre était occupé par la fille de Denis Drouin. Ainsi Olivier avait tout son monde autour de lui.

Certes, il en était heureux, mais il avait surtout pensé aux autres dans la construction de cette maison qui ne générait aucun revenu. C'est Olivier qui fit construire, il paya tout et il continua, par la suite, de voir à l'entretien. Mesdames Brunelle et Guimond devinrent alors de bonnes amies. Ainsi, Olivier avait un poids de moins sur les épaules. Lentement, Effie devint plus gentille à l'endroit de Manon. Olivier en était très heureux. Cette période de sa vie fut très agréable, car on s'aimait autour de lui. En somme, il avait payé le prix pour «avoir la paix» comme il le disait si bien et il l'avait obtenue.

*Effie Mac, Arthur Pétrie, Ti-Zoune sr et Ti-Zef;
c'était au théâtre National, début des années 20.*

*Arthur Pétrie
découvrit
Ti-Zoune alors
qu'il cirait des
souliers à la gare
d'Ottawa.
Il l'engagea
et en fit très vite
le premier
comique
de ses revues.*

*Effie Mac-Guimond, ma grand-mère. Elle était
comme vous pouvez le constater, une très jolie
femme. Regardez la féminité dans la pose
et dans le costume. Elle avait de l'élégance.*

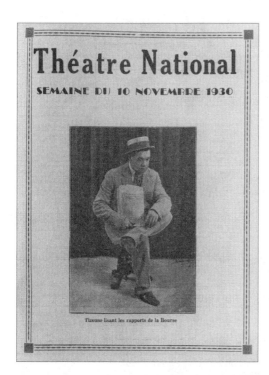

Théatre National

SEMAINE DU 10 NOVEMBRE 1930

Tizoune lisant les rapports de la Bourse

Sur le programme du théâtre National en novembre l930, apparaît Ti-Zoune, grande vedette de son époque.

Ti-Zoune et Effie au théâtre Starland, dans un sketch.

Grand-mère (Effie Mac) incarnait la beauté à la scène. Elle avait aussi une jolie voix, sans être une chanteuse.

Ti-Zoune à ses débuts avec la troupe d'Arthur Pétrie.

Oliver Guimond sr, dit Ti-Zoune, était un homme très sarcastique. Ceux de son temps diront qu'il fut le meilleur.

Ti-Zoune et Effie, dans la vie de tous les jours.

Le grand Ti-Zoune sur la scène du Casa Loma. Un de ses derniers spectacles.

Le trio père, mère et fils.

On verra à quelques reprises le père et le fils réunis à la scène, mais ils ne firent pas carrière en duo.

*Bébé Olivier
dans les bras de
sa maman Effie.*

*Petit Olivier se
comporte déjà
comme un
monsieur.
Il a 4 ans. Il
jouera dans un
sketch avec
Arthur Pétrie
et son père
Ti-Zoune.*

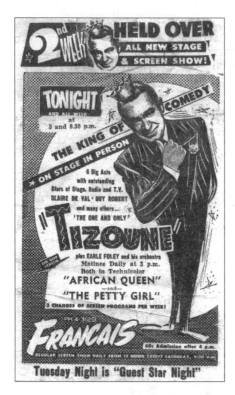

Ti-Zoune à l'affiche du théâtre Français: Il jouait en anglais. Il y avait matinée à midi et le samedi à 9 h 30 am. Imaginez seulement comme ils devaient être allumés si tôt le matin. À cette époque on en donnait pour son argent.

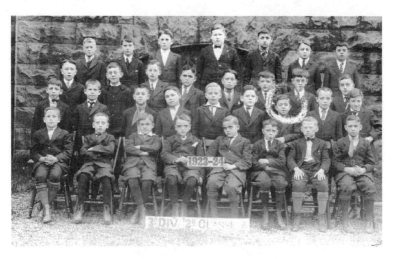

En 1923-24 , Olivier est en deuxième annnée A au Mont St-Louis. Il a 9 ans.

*Mes grands-
parents au
moment de leur
rencontre.*

Olivier est le chef de file à l'école.

Papa en compagnie de ma mère
et Claude Blanchard, au théâtre Canadien.

Sur le programme du théâtre Arlequin, en juillet 1934, on annonce Exhauste. Il s'agissait d'Olivier. Son père ne voulait pas qu'il prenne le nom de Ti-Zoune junior.

Théâtre ARLEQUIN

• **CHANSONNIER** •

Semaine du 8 Juillet 1934

"EXHAUSTE" Populaire Comédien

Olivier et son meilleur «faire valoir», Paul Desmarteaux.

Malgré son père, Olivier
deviendra Ti-Zoune junior,
le public en décide ainsi.

Olivier encadré de Claude Blanchard
et de la grande Juliette Pétrie.

Olivier
et sa mère,
Effie.

87

Olivier et Balloune
(Alex St-Charles).

Richard et Marc,
les deux fils de papa,
nés de son union
avec Jeanne D'Arc.

Richard Guimond est
devenu Richard
D'Arbois en France.

Une photo qu'Alys Robi avait dédicacée à Olivier;
«With sweet memories, I'll always remember.»
(Avec doux souvenirs, je me souviendrai toujours.)

Alors qu'Alys Robi effectuait un retour à la scène, après un internement de cinq ans. Un gala était donné en son honneur. Jean Grimaldi, Olivier et Rose Ouellette, La Poune, y figuraient comme invités de marque.

À un Gala des
Artistes, Olivier est
entouré de Jean-Paul
Nolet, Pierre Paquette
et Paul Desmarteaux.

En janvier 1958, Manon
Brunelle devient chorus-girl
au théâtre Mercier de
Maurice Gauvin,
dit l'Oncle Albert.

Sur scène, maman, papa et Manda. On aperçoit Huguette Bouthillier entre papa et Manda.

Lors d'une fête en l'honneur de La Poune: papa et Jean Grimaldi, qu'il appelait son second père.

Papa au bras de Rina Ketty, chanteuse française fort populaire dans les années 30 et 40.

Jean Grimaldi fut toujours fier de présenter papa comme son protégé à la scène.

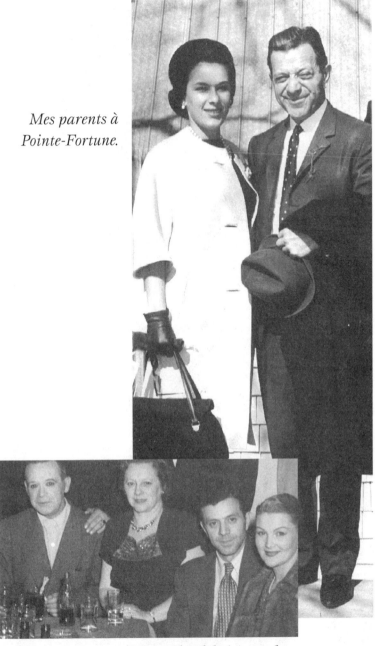

Mes parents à Pointe-Fortune.

Olivier et Jeanne D'Arc Charlebois, peu de temps avant leur séparation, en compagnie de grand-père et grand-mère.

*Olivier incarne le personnage de Bezeau
dans le téléroman de Germaine Guévremont,
«le Survenant». On le voit ici avec Yves Létourneau.*

*Au théâtre
Canadien avec
Lillian D'Orsen,
chanteuse en
vedette à cette
époque.*

Au théâtre Mercier: Aline Duval, Manda, Olivier et Maurice Gauvin alors directeur.

Claude Blanchard et Olivier au National, en 1949

Au théâtre Canadien, Juliette Pétrie, Aline Duval,
Mickay Vail, Jean Grimaldi, Paul Thériault,
Paul Desmarteaux et Claude Blanchard n'ont guère envie
de voir Olivier sauter sur la trempoline.

Dans les
coulisses
du théâtre
Canadien.
On
reconnaît
parmi le
groupe
Olivier, les
Jérolas (Jean Lapointe et Jérôme Lemay), Jean Claveau,
Aline Duval, Rina Ketty, Paul Thériault,
Paul Desmarteaux.

Papa adorait faire des photos; j'ai trouvé des centaines
de diapositives de toutes sortes. Je me rappelle qu'il tentait toujours de me surprendre, sa caméra à la main,
comme lorsque cette photo fut prise à mes 5 ans..

L'image du bonheur: papa et maman.

Notre havre de paix, la maison de Pointe-Fortune.

Merci, papa, pour ces beaux Noël. Ils sont les plus beaux
souvenirs de mon enfance. Tu étais mon grand magicien.

Ce pouce fut célèbre et il fit la renommée
de la bière Labatt 50.

C'est maman qui prit cette photo de papa,
alors qu'il se délassait au bord de l'eau.

C'est moi en compagnie de mes deux grands-mères.

Papa, lors d'une partie de pêche avec son ami Paul Desmarteaux.

Une scène de Cré Basile *à CFTM, avec papa.*

Regardez comme il semble fier de sa prise.
La pêche était son hobby favori.

Grand-mère et
papa m'aident
à déballer
mes cadeaux
de Noël.

Mon père
et moi étions
très proches
l'un de l'autre

Durant son hospitalisation, il reçut toutes sortes de marques d'affection d'amis et d'admirateurs. Sa chambre était toujours fleurie.

Un moment de détente pour papa avec son fiston.

Papa adorait préparer Noël et quand venait le temps de développer les cadeaux j'en avais plusieurs d'affilé.

Maman et moi aux beaux jours de notre vie familiale.

Au théâtre National, Olivier en policier prêt à arrêter
Paul Desmarteaux et Paul Thériault.

Quand le mari rentre saoul, l'épouse appelle la police.
Juliette Pétrie, Olivier et Paul Thériault au National.

Une des mimiques les plus connues d'Olivier.

Un tandem qui fera les beaux jours des années 50 et 60 tant au cabaret qu'à la scène: Olivier et Paul Desmarteaux.

*L'équipe «Pique Atout»: Gilles Pellerin, Olivier,
Paul Berval, Lise Duval, Denis Drouin
et Amulette Garneau.*

*Au théâtre Canadien, Olivier chante en duo
avec Liliane D'Orsen.*

Olivier devant sa table de maquillage, quelques minutes avant d'entrer en scène.

«Trois heures du matin» *avec Manda.*
Un grand classique du vaudeville québécois.

Papa et
La Poune, Rose
Ouellette, lors d'un
gala au Canadien.

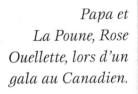

Dans plusieurs revues,
papa travailla avec la
chanteuse
Christiane Breton.

Une grande amitié
régna entre Olivier
et Jean Grimaldi,
celui qui lui donna
sa grande chance
de partir
en tournée
avec la Bolduc.

SUR LA SCENE TIZOUNE JR ET MANDA
MY WILD IRISH ROSE-ABBOTT ET COSTELLO

La marquise du théâtre Canadien annonce Ti-Zoune Jr et Manda à l'affiche. On fait donc la queue devant le théâtre.

Encadré de Manda et de Thérèse MacKinnon, Olivier ne sait plus de quel côté pencher.

Deux monstres de la comédie, Paul Berval et mon père.

Sur la scène du café St-Jacques, la revue «Pique Atout»
avec Olivier, Paul Berval, Lise Duval, Gilles Pellerin
et Denis Drouin.

Au théâtre Canadien, Jean Grimaldi, Denise Dequoy
(la fille de la Poune), Olivier, Lucille Lauzon,
Paul Berval, Aline Duval et Paul Desmarteaux.

Le duo le plus drôle de l'époque, Olivier et Manda.

En tournée, le jeune Olivier et sa partenaire préférée, Manda Parent (de son vrai nom, Marie-Jeanne Perreault)

Une photo de famille des vedettes du vaudeville
des années 50: Arthur Pétrie, Olivier, Aline Duval,
Rita Germain, Juliette Pétrie, Lilian D'Orsen,
Julien Lippé, Raynaldo, Luis Bertrand, Carole Mercure,
Georges Leduc, Paul Desmarteaux.
À l'avant: Willie Lamothe, Roger Legault et Pat Gagnon.

Papa et Paul Desmarteaux en spectacle.

La famille «Basile» devant le restaurant la Soupière. Maman, papa, Béatrice Picard, Denis Drouin, Marcel Gamache, Amulette Garneau et le réalisateur, Pierre Ste-Marie.

Papa adorait naviguer. Il connaîtra quelques mésaventures au volant de son bateau.

Lors d'un Gala des Artistes, papa en compagnie de Claude Blanchard. On reconnaît Réal Giguère derrière eux.

«Basile Lebrun» et son cher ami «Fabien Chaput», celui qui trouvait toujours le moyen de lui soutirer un p'tit 10$.

«La Branche d'Olivier» ne rendra pas justice à Olivier. Le téléroman ne connaîtra pas la faveur du public.

*Au cabaret, Olivier et Denis
Drouin faisaient courir
les foules. Partout
où ils se produisaient,
on faisait des affaires d'or.*

*Olivier en
compagnie des
deux femmes de
sa vie, son
épouse Manon
Brunelle et sa
mère Effie
Mac-Guimond.*

*Lors d'une fête des rois, papa coupe le gâteau
et maman l'assiste.*

Une entrée classique d'Olivier en scène. Il allait chercher les rires sans même ouvrir la bouche.

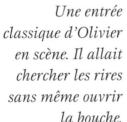

Quand Olivier se transforme en «madame» pour les besoins de la comédie. Dans ce sketch, il s'appelait Oliviérine.

C'est moi, à 4 ans, alors que nous habitions rue Monsabré.

«Basile» a épousé son «Alice» chérie. Il la porte dans ses bras.

Pour garder la forme, Olivier fait quelques steppettes.

L'équipe de «La Branche d'Olivier»: Robert Desroches,
Jean-Marie Lemieux, Yolande Circé, Roland D'Amour,
Olivier, Paul Berval, Denis Drouin
et Claude Michaud.

Papa aimait cette photo de lui.

Il aimait chanter et avait une voix unique en son genre.
On retrouvait son petit accent anglophone dans certaines prononciations.

Le convoi funèbre a quitté le salon funéraire pour se rendre à l'église. Les porteurs escortent la dépouille d'Olivier: On reconnaît: Denis Drouin, Robert Desroches, Jean Grimaldi, Gilles Pellerin et Marcel Gamache.

À la sortie de l'église, je suis escorté de Pierre Lamy (ami de la famille) et de maman.

Papa et Fernand Robidoux, la grande vedette masculine de la chanson au Québec dans les années 50 et 60.

Olivier dans la peau
d'un grand chef
d'orchestre, sur la scène
du théâtre Mercier.

Une réunion familiale,
grand-mère Guimond,
Jeanne D'Arc Charlebois,
Richard, mon demi-frère et
moi-même. C'était à Noël
1985.

Cette fois la famille s'est agrandie: Debout: Françoise,
l'épouse de Richard; Gilbert, l'époux de Jeanne D'Arc
Charlebois; Richard Guimond, mon demi-frère; Jeanne
D'Arc; moi-même; ma douce moitié, Manon Goulet;
au premier rang: Alexandre (fils de Françoise né d'une
première union), Olivier, (fils de Richard)
et grand-mère Guimond.

La Mère Supérieure, le gentille Clairette Oddera a été très bonne pour Yves Senécal et votre humble serviteur. Elle nous amenait avec elle dans les résidences pour personnes âgées et nous rodions nos numéros de comédie. Gilles Latulippe m'avait conseillé d'aller la voir. Elle nous apprenait plein de trucs du métier.

J'ai eu la chance de connaître les amis de papa qui, eux, à leur tour m'ont parlé de mon père. C'est à travers eux que j'ai appris l'histoire de sa vie. En compagnie de la merveilleuse Manda Parent lors de ses 83 ans. On reconnaît à ses côtés un grand monsieur, Jean Grimaldi; ma tendre moitié, Manon; mon ami et partenaire de scène, Yves Senécal et mon fils, Olivier. N'ais-je pas l'air heureux ?

123

Qui eût cru cette réunion possible. Ma mère et Jeanne D'Arc Charlebois, les deux femmes de mon père photographiées ensemble. Ça se passait au Studio 42 de Radio-Canada, alors qu'on commémorait le 14ᵉ anniversaire du décès de papa. Si papa a vu ça d'en haut, il a dû en être fier.

Mes retrouvailles avec grand-mère, au lancement du livre Olivier de Gilles Latulippe. Je n'avais pas revu grand-mère depuis un bon moment. Sur la photo, Marcel Gamache, Gilles Latulippe, Julien Bessette et le complice Roger Sylvain.

Ma petite maman chérie. Ma photo préférée de nous deux.

Ma petite famille du temps où elle ne comprenait que trois membres. Ne trouvez-vous pas qu'Olivier a des airs du grand-père?

Je me sens privilégié de poser ici avec ces femmes qui l'ont connu et aimé et qui ont travaillé avec lui:
Manda Parent, Denise Émond, Jeanne D'Arc Charlebois,
grand-mère Guimond et Lady Alys Robi.

Rose Ouellette, la Poune, m'a souvent parlé de mon père. Elle l'avait vu débuter et elle travailla souvent avec lui. Avec nous, mon «straightman» et grand-ami, Yves Senécal.

En compagnie de grand-mère Guimond, à l'ouverture du CLSC Olivier-Guimond, situé au 5810, Sherbrooke est, angle Louis-Veillot, Montréal. C'était en 1987.

J'imagine qu'au ciel Madame Juliette Pétrie et grand-mère Guimond se sont retrouvées et qu'elles bavardent désormais aussi longtemps que bon leur semble.

Ma grand-mère Brunelle, la femme que tout le monde aimait inconditionnellement. Papa l'adorait et, moi aussi. Je crois qu'elle fut une sainte femme, tellement elle fut bonne pour tous ceux qu'elle a croisés sur son chemin. C'est d'elle que j'ai appris les vraies valeurs de la vie.

Sur le plateau de tournage de Cher Olivier *avec Benoit Brière. Une belle amitié s'est installée entre nous durant le tournage de la série. J'y venais presque à tous les jours.* 127

Michel Comeau incarne Jean Grimaldi dans Cher Olivier. *Non seulement c'est un excellent comédien, mais c'est aussi un homme très gentil.*

Marc-Antoine Bergeron a été choisi pour jouer mon personnage à l'âge de six ans dans la télésérie. Cher Olivier.

Bernard Fortin a fort bien rendu le personnage de Denis Drouin dans la mini-série d'André Melançon.

Sonia Vigneault campe le personnage de ma mère.

Le grand maître de cette mini-série Cher Olivier, *André Melançon. En plus de réaliser ces quatre émissions, il signa aussi le scénario. Ici, on le voit avec la comédienne Michèle Duquet, qui incarnait ma grand-mère Guimond.*

Benoit Brière assistait à la scène des funérailles et, pendant une pause il est venu toucher la tombe d'Olivier, personnage qu'il campe de façon magistrale.

Sonia Vachon, une fille aussi attachante que Manda Parent dans Cher Olivier.

Papa et maman en croisière à bord du paquebot S.S. Homeric.

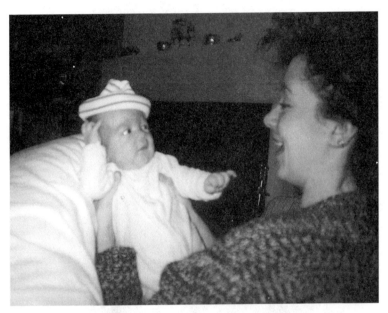

Mon fils Olivier dans les bras de sa maman, Manon.

Les trois ans de mon petit garçon Olivier.
Il est ici photographié avec grand-mère Brunelle,
Manon et moi.

Olivier et son idole, Patrick Roy. Ils se sont rencontrés au Forum, dans le vestiaire du Canadien. Patrick lui a remis son bâton dédicacé. Depuis ce jour mon fils rêve d'être gardien de but dans la LNH.

Mes trois grands amours: Manon, Olivier et Alexandre.

Un beau moment pour le petit Olivier: sa rencontre avec Guy Carbonneau.

Olivier, 6 ans et demi, et Moises Alou. (Été 1994.)

Olivier
et notre bébé,
Alexandre, né le
15 octobre 1992.

Mes deux fils ont
déjà fait leurs
débuts dans le
showbiz, ils ont
joué dans le film
La Comtesse de
Baton Rouge
d'André Forcier,
tourné en octobre
1996.

Lorsque je rentre à
la maison,
Alexandre me
saute toujours
dans les bras pour
me dire: «Papa, je
t'aime»; je faisais
de même avec mon
père.

Alexandre a du Guimond dans
le nez. Ici, dans son rôle
d'enfant pauvre dans le film
d'André Forcier.

Alexandre et notre chat Bacchus.

J'aurais tellement aimé que papa voie ses deux petits-fils. Je suis convaincu qu'il les adore de là-haut.

Mon fils Olivier et moi en compagnie de Benoit Brière qui incarne le rôle de mon père dans la télésérie.

CHAPITRE 7

L'ENTRÉE
PAR LA GRANDE PORTE

C'est dans les derniers jours de décembre 1958 qu'eut lieu le grand départ de la carrière d'Olivier à la télévision. Une grève des réalisateurs de la Station d'État, qui dura trois mois, avait donné à Jean Duceppe, alors président de l'Union des Artistes, l'idée de monter un spectacle-bénéfice pour venir en aide aux grévistes. Un comité fut formé et les préparatifs de la revue mis en branle. Plus de 150 artistes mettront leur talent au service de la cause. La grève débuta le 29 décembre 1958 pour se terminer le 7 mars 1959. Les artistes appuyèrent leurs collègues réalisateurs en ne franchissant pas les lignes de piquetage.

Radio-Canada diffusa tout ce qui avait été enregistré avant le début de la grève, puis on remplaça les émissions par des longs métrages. Mais il arrivait qu'on présente des émissions, en reprise, sans le mentionner. Les artistes informèrent le public, via les journaux, qu'aucun comédien ni comédienne n'avait franchi les piquets de grève. La raison du conflit: les réalisateurs n'avaient pas d'avantages sociaux, pas de sécurité de travail ni de caisse de retraite. On décida de présenter ce spectacle-bénéfice, intitulé *Difficultés temporaires*, à la Comédie-Canadienne. Un nombre incroyable d'artistes figura au générique de ce spectacle-bénifice qui fut présenté seize fois à Montréal et à quelques reprises dans la Vieille Capitale.

Paul Desmarteaux et Olivier tenaient alors l'affiche au Café de l'Est. Un bon copain de papa, le caricaturiste Normand Hudon, suggéra leurs noms lors d'une réunion du comité. La suggestion fit rire, au point qu'un membre du comité ajouta: Tant qu'à faire, demandons à La Poune, à Ti-Gus, pis à Ti-Zoune... On entendit des rires pincés parmi le groupe. Jean Duceppe connaissait et aimait bien Olivier tout comme Paul Desmarteaux. Il avait travaillé avec les deux compères au Canadien. Jean savait aussi à quel point le duo était remarquable. Il aura suffi que Duceppe dise que l'idée de Normand Hudon était excellente pour qu'il soit décidé qu'on allait inviter Desmarteaux et Guimond à participer à *Difficultés temporaires*.

Ils joignirent les rangs des artistes qui participaient à ce spectacle mémorable. Ils retrouvèrent de bons camarades, tels Denis Drouin, Paul Berval, Gilles Pellerin, Gratien Gélinas, Doris Lussier, Jacques Lorain et des dizaines d'autres. Naturellement, pour certaines vedettes de la télévision, Guimond était un comique de vaudeville, et on levait le nez sur ce genre de comédie. Comme on le faisait aussi pour La Poune, Manda Parent, Claude Blanchard, Réal Béland, Paolo Noël et plusieurs autres. Ils ne deviendront des vedettes de la télévision qu'avec l'avènement du Canal 10.

Comme personne n'était rémunéré pour ce spectacle et que tous étaient là pour le même motif, on avait établi un ordre de présentation en plaçant les gros noms vers la fin de la soirée. Enfin, on appelait un gros nom, une vedette de la télé. On présenta donc le numéro d'Olivier Guimond et Paul Desmarteaux en première partie. Ils furent si bons que la salle se leva pour les ovationner. Et en redemanda.

La glace était rompue. Olivier venait de briser le mur qui séparait haute société et divertissement populaire. En coulisses, on entendait des comédiens, étonnés d'un tel triomphe se dirent: «Mais c'est qui ce comédien-là... C'est lui ce Ti-Zoune»... Ceux et celles qui assistèrent à cette performance d'Olivier et Paul clament encore aujourd'hui que ce fut l'un des plus beaux moments de la carrière d'Olivier. Il fut gigantesque. Le défi était de taille. Les numéros qui allaient suivre eurent beaucoup de difficultés à percer: l'assistance réclamait encore Ti-Zoune.

Ce public n'était pas composé d'intellos, mais du «vrai monde» qui regardait la télévision et aimait ses vedettes. C'était le même public qui fréquentait le National, le Canadien, tout comme les cabarets où ces artistes triomphaient. Si l'élite venait de réaliser le large potentiel d'Olivier, le public en était depuis longtemps conscient. Il venait l'acclamer depuis des années rue Sainte-Catherine et rue Saint-Laurent.

Dans la salle, les nombreux réalisateurs du boulevard Dorchester venaient aussi de découvrir un grand comique. Ces messieurs allaient lui ouvrir toutes grandes les portes dès la fin de cette grève. Ils avaient enfin compris le génie d'Olivier. Pourtant, ils n'avaient encore rien vu. Ils découvriront un peu plus chaque jour les multiples facettes du talent d'Olivier. Guimond savait danser, chanter, jouer du piano, jouer la comédie et le drame, et c'était un excellent mime.

Le plus étonnant dans cette situation, c'est qu'Olivier avait travaillé gratuitement pour le bénéfice de ceux qui, depuis des années, lui tournaient le dos en le snobant. Ces spectacles n'ont pas permis de découvrir Olivier, puisqu'il était déjà très connu et aimé du public, mais il était désormais reconnu par les grands magnats de la Société d'État qui, jusqu'alors, avaient boudé la comédie bouffe. Personne ne croyait que ces virtuoses de l'improvisation puissent s'adapter à des textes précis et à des indications techniques réglées.

Certains réalisateurs ont dû insister auprès de la haute direction pour engager ce groupe d'artistes, prenant sur eux la responsabilité d'un échec. Ils récoltèrent, comme les comédiens, la gloire et le mérite du succès. Le meilleur divertissement, d'ailleurs n'est-ce pas le rire?

Il fut question, avant la fin de la grève, de présenter à la télé de la Société d'État le spectacle *Difficultés temporaires*, en y coupant les allusions au conflit syndical, mais les grands dirigeants dirent que ça n'était pas de mise. Ce document doit bien encore exister quelque part. Il serait intéressant de le diffuser près de 40 ans plus tard.

CÉSAR, L'IDOLE DES PETITS COMME DES GRANDS

La télévision nous fera découvrir ce talent d'Olivier avec la série *César*. De la trempe des films de Charlot, cette émission était destinée d'abord aux enfants, mais très vite elle connut une forte popularité auprès des adultes.

Il est dommage que Radio-Canada n'ait jamais pensé à remettre cette série à l'affiche. Elle ferait autant rire aujourd'hui qu'en 1960. Qui sait, cette série deviendra peut-être, dans les années 2000, ce que sont les films de Chaplin à notre époque. Sur des textes de Serge Roy, la série *César* était sous la direction de Paul Legault, qui avait signé la réalisation d'*Opération Mystère*, une série fort appréciée des ados des années 60. César, c'était Olivier en pantomine.

Avec une banane, un sandwich, un cigare, il pouvait créer un sketch de cinq minutes et plus. Un moment il mangeait, puis s'étouffait... Olivier y était la vedette. On retrouvait à ses côtés Guy Lécuyer, Paul Desmarteaux, Claire Richard, Clémence Desrochers, Janou St-Denis, Kim Yarochevskaya (Fanfreluche). Selon certains sondages effectués à l'époque, l'émission pouvait rejoindre des centaines de milliers de téléspectateurs. En plus d'être captée d'un océan à l'autre, en territoire canadien, elle était transmise depuis l'État de Washington jusqu'au Vermont.

En juillet 1959, ces admirateurs ont bien failli perdre leur *César*. Papa, qui possédait un hors-bord de 35 forces qu'il avait ancré près du pont Viau, décida de s'offrir une balade sur la rivière des Prairies, en soirée. Au beau milieu de la rivière, le moteur cessa de fonctionner. Papa se leva pour actionner le mécanisme de démarage du moteur, oubliant cependant de placer les commandes au point neutre. Il mit le moteur en marche, provoquant un départ trop brusque de l'embarcation. Olivier fut projeté à l'eau sous le choc. Il faillit alors se noyer, se retrouvant à vingt pieds sous l'eau. La fatalité voulut qu'en s'agrippant au yacht toujours en marche, son bras gauche rencontrât l'hélice qui lui ensanglanta la main. Énervé par le choc, ankylosé par la douleur, affaibli par la perte de sang, Olivier tenta de nager, mais il se trouvait assez loin du rivage. Ses forces commencèrent à l'abandonner peu à peu. Heureusement, deux passants l'ont vu et se sont empressés de venir à son secours, en plongeant dans la rivière. Ils ont tiré Olivier par les cheveux jusqu'à la surface. Les sauveteurs se nommaient Jean-Paul Benoit et André Bigras.

Olivier s'en tira avec un doigt coupé par l'hélice du moteur. Lorsqu'il toucha la terre ferme, Olivier tomba dans les pommes. Ses coupures étaient profondes et le bout de son pouce avait été sectionné. Il fallut le recoudre. Il fut hospitalisé à l'hôpital Sacré-Cœur de Cartierville pour quelques jours. Ce pouce qu'Olivier avait failli perdre à l'eau allait lui rapporter énormément d'argent plus tard. C'est celui qu'il utilisait dans les réclames de Labatt «Lui y connaît ça».

César fut présenté en 1958-59. Cette série a permis à Olivier d'être comparé au grand mime, Marceau. On disait que, comme Marceau, Olivier possédait la flexibilité d'expression et le sens du rythme facial. On aurait pu braquer une caméra de télé sur le visage d'Olivier et il aurait pu nous raconter une histoire sans même prononcer un seul mot. Le défaut de l'art du mime, c'est que tout semble si facile, alors que, en réalité, il faut un talent fou et une application constante. L'avantage d'Olivier sur Marceau c'est qu'il n'était pas seulement un mime. Il était tout à la fois.

L'ÈRE PIQUE ATOUT
ET LES TROIS VALSES

La fin de l'année 1959 et le début de 1960 allaient ajouter de nouvelles facettes à la carrière d'Olivier. Non seulement le public l'adorait, mais ceux qui l'avaient longtemps ignoré et snobé le reconnaissaient enfin et lui offraient du travail à la hauteur de son talent.

En 1960, ce sera la consécration d'une revue titrée *Pique Atout*. Outre Olivier, on y retrouve Gilles Pellerin, Paul Berval, Denis Drouin, Madeleine Touchette, Christiane Breton, Lise Duval et Juliette Huot. Ce fut à la fois un spectacle qui tint l'affiche des boîtes populaires de l'époque, comme les Trois Castors, le Café St-Jacques et un super-spectacle de variétés à la télévision d'État. Diffusée mensuellement, l'émission fait un malheur. C'est du vaudeville adapté pour la télévision. Ça ne s'était encore jamais vu. Il s'agissait de sketchs courts avec un canevas comme base. La formule connut très vite le succès et les cotes d'écoute montèrent en flèche.

Cependant, une certaine critique écrite osa taxer cette formule de dépassée, voire de déjà vue. On reprochait aux sketchs de manquer d'originalité, on qualifiait même certains d'être vulgaires. Pourtant, cette émission demandait un travail énorme aux comédiens. Lors de réunions avec les scripteurs et le réalisateur Paul Leduc, chaque sketch était disséqué, analysé. Il n'était pas question d'utiliser le même matériel qu'au cabaret.

C'est d'ailleurs pour ces raisons qu'on ne retrouva Paul Desmarteaux qu'en de rares occasions comme invité à l'émission. On ne voulait pas recréer le tandem Guimond-Desmarteaux qui avait été si populaire à l'émission *Music Hall*. On recommanda aussi à Paul Berval de ne pas reprendre *Le beu qui rit* qui avait été sa marque de commerce antérieurement. Pour Gilles Pellerin, la formule monologue était aussi interdite. Il ne fallait surtout pas qu'il parle de *la Mère à Rolland*. Ce thème était le préféré de Pellerin. Ses monologues étaient tordants. Elle en a fait et vu des choses, cette pauvre *Mère à Rolland*. Il fallait faire rire, sans jamais devenir vulgaire. Et jamais, durant toute sa carrière, Papa ne se permettra un sacre ou un mot vulgaire sur scène.

Pique Atout verra la naissance d'un personnage qui marquera la carrière d'Olivier; le sympathique Basile Lebrun. Ce plombier, création de Marcel Gamache, fit ses débuts dans le sketch *Les Voisins*, qui fut présenté à *Pique Atout*. Le personnage collait tellement bien à Olivier que Marcel décida que les intrigues allaient tourner autour de lui. Cette série ne viendra qu'en 1965 à la télévision privée de Télé-Métropole.

Le 17 mars 1960, Olivier allait vivre l'un des plus beaux et des plus grands moments de sa carrière. Il s'agit de la grande opérette (en trois actes) *Les Trois Valses*, qui mettait en vedette la belle et grande soprano

144

Mathée Altéry. Cette grande dame de l'opérette, qui vit toujours en France, possède une voix céleste.

Elle offrit une performance incroyable dans ces *Trois Valses* diffusée en direct de l'auditorium du Collège Saint-Laurent. Guy Provost tenait le premier rôle masculin. On y trouvait des dizaines de comédiens, des chanteurs et de nombreux figurants. Olivier campa une demi-douzaine de rôles, la plupart muets, mais très drôles. Le plus marquant nous a donné une scène qu'il fait toujours bon de revoir. On y voit Olivier en homme ivre, d'abord descendre un escalier puis le remonter, en laissant croire qu'il va culbuter en chemin. Personne ne savait tomber comme Olivier. Si sa descente fit éclater de rire la belle Mathée, la remontée lui fit aussi lancer un cri, alors qu'elle croyait qu'Olivier allait manquer la marche et se retrouver sur le derrière. Ce qui, effectivement, a bien failli se produire. Olivier le confiera à Paul Berval.

«Il improvisait dans tout... À la répétition, il n'avait pas du tout fait les mêmes gestes, il n'avait ni descendu ni monté de la même manière... Quand ce fut le moment, quand il vit que la caméra était allumée, Olivier donna le maximum et il eut bien peur de perdre l'équilibre à un certain moment, mais non, il avait réussi... Nous étions tous en admiration devant cette performance...»

Au lendemain de la diffusion des *Trois Valses*, on parlera presque autant de l'exploit d'Olivier que de la voix céleste de Mathée Altéry. La chanteuse avait été charmée lorsqu'on lui présenta Olivier. Ce dernier, timide, comme toujours, lui fit le baise-main et l' inonda de compliments. Il fit, bien sûr, l'éloge de sa voix, de son interprétation, mais il s'attarda surtout sur sa beauté. Doris Lussier en fut témoin.

Pendant que Doris étalait son ravissement, Mathée riait de bon cœur et Olivier savourait la scène, tout en suivant des yeux chaque geste de la star française. La féminité et la classe d'Altéry le fascinaient. Il conserva un si beau souvenir de ces *Trois Valses* qu'il répéta maintes fois que les plus beaux souvenirs de sa carrière furent cette opérette et son trophée de Monsieur Radio-Télévision 1966, dont on parlera plus loin.

Le 13 avril 1960 Radio-Canada présentait la 100ᵉ émission de *Music-Hall*, la grande émission de variétés de l'époque. On y recevait les plus grands noms de la chanson française et, occasionnellement, des vedettes américaines. *Music-Hall*, réalisée par Jacques Blouin et Maurice Dubois était au Québec ce que *Ed Sullivan Show* était aux Américains. Olivier et Paul Desmarteaux y étaient venus maintes fois et avaient toujours récolté des ovations. Ils eurent donc droit à une place importante lors de cette 100ᵉ. L'animatrice, Michelle Tisseyre, la grande dame de la télévision, aimait beaucoup Olivier. Elle le trouvait tellement réservé, presque gêné. «Mais quel talent lorsqu'il était en scène, il était génial!» dira-t-elle.

Le 29 avril de la même année avait lieu au Forum de Montréal le spectacle appelé *La Grande Nuit*. On y trouvait une foule de vedettes, dont Annie Cordy et Sacha Distel. Olivier et Denis Drouin étaient au programme et ils furent tellement ovationnés qu'il fut difficile pour l'artiste qui allait les suivre sur scène d'obtenir l'attention du public qui réclamait Ti-Zoune. Ce public était aussi celui des cabarets, celui qui raffolait de *César*, de *Pique Atout*, c'était le populo, le vrai monde.

Olivier avait lui aussi ses idoles. Parmi elles, le grand Jimmy Durante, dont le nez fut presque aussi célèbre que celui de Cyrano de Bergerac. Durante était en vedette au Bellevue Casino, le cabaret chic et huppé des années 60. On y recevait de grandes stars, tant européennes qu'américaines. Olivier vouait une admiration soutenue au grand Jimmy et il vint l'applaudir au Bellevue. Après le spectacle, grâce à l'imprésario Roy Cooper, il fut reçu dans la loge de Durante. Ils firent quelques blagues qu'ils immortalisèrent sur pellicules.

Presque au même moment, Maurice Richard se retrouva aussi dans la loge de Durante. D'ailleurs, le comédien américain avait souligné la présence du Rocket dans la salle durant son *one man show* en le nommant *Mister Hockey*. Papa était aussi un admirateur du Rocket, et cette soirée le comblait à tous points de vue.

Les années 1960 et 1961 seront très bonnes pour Olivier. Il ne manquera pas de travail. Pourtant, dans le métier on disait que c'était la disette. Pour Olivier, il en était autrement; son imprésario devait refuser des contrats. Tous les propriétaires de cabarets voulaient l'engager. Le nom de Guimond ou de Ti-Zoune signifiait qu'on faisait salle comble à tous les spectacles. Pour un cabaretier, Olivier Guimond voulait dire faire sonner la caisse. Certains gérants de boîtes voulaient réserver ses services pour un mois. Olivier ne pouvait se trouver à deux endroits en même temps. Surtout que la télévision le retenait presque toujours à Montréal.

À Radio-Canada, le public réclamait Guimond de plus en plus. On le voulait, sans cesse. En octobre, Olivier devait participer au *Shoestring Theater* à CBC, Canal 6, réseau anglais de Radio-Canada. Il devait tenir le rôle principal dans *The ghost of Buggam Grange*. C'était son premier rôle en anglais. Deux jours avant l'émission, Papa tomba malade. En fait, il était épuisé. Il ne dormait que quelques heures par nuit. Il buvait beaucoup. Ses nerfs ont craqué. De plus, son foie lui causait souvent des douleurs qui le forçaient à se plier en deux. Tout a lâché en même temps, le physique et le moral. Il n'a donc pu être devant les caméras le 30 octobre comme prévu. Certains prétendirent qu'il avait été pris de panique, ne sachant pas son texte. Il s'en défendit bien. Il le savait par cœur. Olivier était un professionnel et il respectait tous ses engagements. Le réalisateur Jacques Gauthier ne voulut pas se risquer à nouveau avec Olivier pour ce théâtre télévisé, car on disait le comédien en dépression. C'est Paul Berval qui remplaça donc Olivier. Pourtant, Gauthier clamait à qui voulait l'entendre qu'Olivier était le meilleur comédien du pays.

Le 2 décembre 1960, Olivier participe au Gala du Music Hall, sur la scène du théâtre St-Denis. On verra défiler cinquante artistes sur scène. L'événement était en quelque sorte le Gala Cabaret du temps. On y remettait des trophées commandités par Labatt 50. (Le pourquoi des 50 artistes.)

Pour animer cette prestigieuse soirée: Muriel Millard, Jen Roger et Jean Rafa. Parmi les vedettes au programme: Dominique Michel, Michel Louvain, les Jérolas, Janine Lévesque, Johanme Lachance, Michèle

Sandry, Rolande Desormeaux, Thérèse Laporte, Claude Vincent, Rosita Salvador, Jean Paquin, Les Garçons de Minuit, André Roc, Serge Deyglun, Pière Senécal, Iris Robin, Dean Edwards, Lolita de Carlo et bien d'autres.

Olivier et Paul Desmarteaux étaient de la soirée et ils offrirent leur merveilleux numéro de *Jos Cypius*. Ce fut le moment fort de cette soirée prestigieuse qui allait couronner Muriel Millard *Reine du Music-Hall* et offrir le titre masculin à Olivier. Et il était le *Roi*. On lui décerna le trophée de la «personnalité de l'année». Un grand bal de minuit, à la Légion française, suivit cette remise de trophée. Olivier aimait ces soirées où il retrouvait ses camarades de métier. C'était toujours des moments tendres. Il y avait souvent dans ces retrouvailles des amours du passé. Certaines qui avaient duré une semaine, un mois, un an... ou plus. Olivier était un grand sentimental et, même si une relation était terminée, il demeurait tendre auprès de la personne qu'il avait un jour aimée.

Dans les premiers jours d'hiver 1960, Olivier se lancera en affaires. Il investira dans une entreprise de la Vieille Capitale. City Drive Yourself Inc avait son siège social sur le chemin Ste-Foy, à Québec. L'entreprise déménagea ensuite rue Mayrand. Je ne crois pas que papa fît fortune dans le domaine des affaires. Les gens l'embarquaient facilement. Comme il n'était pas versé en calcul, il ne prenait pas le temps d'aligner les chiffres. Il disait: «Allons-y.» Et il se faisait avoir à chaque fois. Il porta le titre de président, mais, en fait, il ne pouvait être là et il faisait confiance aux gens à qui il déléguait. Ce fut toujours là son erreur, d'ailleurs.

149

L'ARRIVÉE DU CANAL 10
ET DES COUCHE-TARD

Les travaux de construction des studios de Télé-Métropole débutèrent en juillet 1960, inaugurés par J. A De Sève, fondateur de France Film, et son bras droit André Ouimet. C'est en janvier 1961, plus précisément le 19, que Télé-Métropole allait entrer officiellement en ondes. Dans les jours précédents, on avait présenté un bulletin de nouvelles par jour et un long métrage.

Les studios de CFTM étaient situés dans l'ancien théâtre Arcade. Les grands manitous étaient Paul Langlais, Robert L'Herbier et J. A. De Sève, de France Film. Dans les mois précédents, cette équipe avait dû se battre contre Jack Tietolman, de CKVL, pour obtenir le permis de la station privée francophone. Radio-Canada pressentait déjà une forte rivalité avec l'arrivée de Télé-Métropole. Mais le Canal 10 n'entendait pas s'approprier les vedettes du 2. Bien au contraire, il allait créer ses vedettes et aller les chercher chez les artistes populaires. Robert l'Herbier est lui-même artiste-chanteur. Il connaît les artistes que le public favorise.

Très vite on retrouve dans les premières émissions du 10, Margot Lefèbvre, une chanteuse de genre avec beaucoup de charisme, Jen Roger, qui est l'animateur le plus en demande, Monique Gaube, qui possède elle aussi à la fois beauté et talent. On offre une émission à la «grande dame de la chanson», Lucille Dumont, de même qu'au chanteur Claude Vincent qui est l'idole de l'heure et devient l'animateur de *Jeunesse*. On pensa aussi aux amateurs de folklore en mettant en ondes *les Soirées chez Isidore* avec Pierre Daigneault à l'animation. Chez les animateurs, annonceurs et présentateurs, on retrouvait des figures comme Serge Bélair, Jean-Pierre Coallier, Jacques Desbaillets, Jacques Duval, Claude Séguin, Réal Giguère, Raymond Lemay, Anita Barrière, Mario Verdon, Jean Lajoie, Claude Lapointe, Gilles Pellerin, Jean Duceppe, Janette Bertrand, Denyse St-Pierre, Huguette Proulx, et même le Maire Jean Drapeau, qui devint animateur de sa propre émission.

La comédie ne tarde pas également à trouver sa place dans la programmation du Canal 10. Télé-Métropole, avec Jacques Desbaillets et Claude Séguin, sont à la ligne de départ. Denis Drouin se pointe avec son *Comptoir du Rire*.

Pour soutenir la lutte, Radio-Canada lance ses *Couche-tard* avec Roger Baulu et Jacques Normand. L'émission débute au début de février 1961. Très vite on réalise que la formule plaît et l'émission sera diffusée deux fois par semaine, le mercredi et le samedi. Baulu et Normand forment un duo exceptionnel. L'un est très discipliné, attentif, alors que l'autre est tout le contraire. Il lui arrive même d'être rond durant l'émission. Cependant, il sera toujours drôle. Comme ce fameux soir ou Olivier était leur invité...

On le sait, Olivier avait sa façon bien à lui de descendre un escalier. Pour arriver chez les *Couche-tard*, il fallait donc que l'invité descende cet escalier. Olivier décida alors de s'en servir pour faire une entrée «à la Guimond». En bas, les animateurs se lèvent pour accueillir leur invité. Jacques Normand a quelques verres de trop derrière la cravate. Il tente de reculer et s'étend de tout son long sous le bureau qui sert de décor. C'est ce que m'ont raconté des proches de mon père. Olivier, voyant Jacques étendu au sol, au lieu de se diriger dans la direction des animateurs, se met à pirouetter et tente de remonter l'escalier, afin de laisser à Jacques Normand le temps de se relever, lui évitant ainsi d'avoir les caméras pointées dans sa direction.

Ce passage d'Olivier aux *Couche-Tard* avait beaucoup énervé Olivier. Baulu et surtout Normand avaient la réputation de poser des questions assez poussées à leurs invités et souvent certains ne savaient trop que répondre, tant ils se sentaient embarrassés. Déjà qu'Olivier avait une peur bleue des entrevues, en plus avec Jacques Normand... Il avoua plus tard que le fait de sauver Normand d'une situation qui aurait pu être embarrassante pour son image, l'avait, au fond, bien arrangé. «Plus longtemps je pirouettais, moins longtemps allait durer l'entrevue; je mangeais du temps et j'aimais bien ça...» Finalement l'entrevue se déroula dans un climat humoristique. Olivier y alla de quelques confidences sur sa relation avec son père, avec les femmes... Jacques Normand adorait aussi ce sujet. C'est souvent sur ce terrain qu'il coinçait ses invités mâles.

L'émission les *Couche-tard* resta en ondes durant dix ans, et la dernière fois qu'Olivier y participa fut le 30 mai 1970. Les deux animateurs avaient loué son immense talent, sa popularité auprès du public pendant une si longue période. Jacques Normand n'a jamais caché son admiration pour Olivier. Il le comparait aux plus grands de la comédie américaine et française et clamait qu'Olivier aurait dû connaître une carrière internationale. Le Canal 10 attendra jusqu'en

1963 avant d'offrir une continuité à Olivier. On l'invitera à quelques émissions dont *Dix sur Dix* et, plus tard, à *Réal Giguère Illimité*, *Télé-Métropole* et *Les Trois Cloches*. Mais Olivier ne chôme pas. Loin de là. Radio-Canada l'engage régulièrement et il est très en demande au cabaret. En janvier 1961, Olivier prend l'affiche du théâtre National avec la comédie *Le procès*, entouré de Denis Drouin, Paul Berval, Gilles Pelletier, Johane Lachance et Paul Desmarteaux.

Claude Blanchard, Carole Mercure et Paul Thériault sont également à l'affiche du National, dirigé alors par Maurice Gauvin. Naturellement Olivier passe de supplémentaire en supplémentaire. La prochaine revue mettra en vedette Berval, Drouin, Pellerin et Guimond. Ils s'installent au Café St-Jacques ou *Pique Atout* a fait fureur. Cette fois la revue s'intitule: *On est 10 Cute au 2*. Une parodie sur la rivalité des deux canaux de télévision. On se paie un peu la tête des *Couche-Tard* et des autres stars de la boîte à images. Pendant toute cette année, Olivier sera très présent à la scène comme au petit écran. Il est devenu une vedette, et pour employer le terme du métier, «un gros nom».

DE ZÉRO DE CONDUITE
AU CAPITAINE BONHOMME

Radio-Canada n'entend pas s'en laisser imposer par CFTM. Ainsi, on remet à l'horaire *Le P'tit Café* avec Dominique Michel, Normand Hudon, Pierre Thériault et Paul De Margerie. Une demi-heure de blagues, d'histoires, de mini-sketchs qui traitent aussi de l'actualité. Mais la formule date de quelques années. On décide de confier à Roger Fournier la réalisation d'une nouvelle émission d'humour titrée: *Zéro de Conduite*. On y trouve Olivier, Denis Drouin, Dominique Michel, Denise Filiatrault, Jacques Desrosiers, Muriel Berger, Claude Michaud, Claire Richard et Isabelle Jean. L'émission comporte des sketchs, des parodies, des imitations et des chansons. Le rire est de rigueur dans les salons du Québec. Le public adopte *Zéro de Conduite*. C'est gagné!.

En 1962, Olivier recevra aussi des offres pour le cinéma. Tout a commencé avec Charles Aznavour, qui avait connu Olivier dans les cabarets. Aznavour et Pierre Roche travaillaient au Faisan Doré avec Jean Rafa, alors l'animateur par excellence dans la Métropole. Ce dernier est aussi l'auteur de la chanson *J'aime les nuits de Montréal*.... Aznavour avait quitté Montréal et était devenu une grande vedette à Paris. Il tournait dans plusieurs films et il avait un jour vanté les mérites d'Olivier à un réalisateur français. Lorsque Aznavour revint à Montréal, il tenta par tous les moyens de rejoindre Olivier, mais en vain. Finalement, il chargea Pierre Roche de trouver Olivier et de lui demander de le contacter. Olivier était en tournée, et quand Pierre Roche rentra à Paris il confia la tâche à Jean Rafa qui, lui, partageait un bureau avec Denis Drouin. Le message parvint enfin à Olivier, mais son horaire ne lui permettait pas de quitter Montréal pour aller tourner un film durant huit semaines. Il dut donc décliner l'offre, mais se dit très honoré qu'Aznavour ait pensé à lui. Nul doute que, au cinéma, Olivier aurait fait fureur. Autant qu'un Louis De Funès, qu'un Red Skelton ou qu'un Fernand Raynauld.

Olivier participera aussi à une autre série diffusée par la Société d'État. Il s'agit de l'émission: *De Ville en Ville* qui sera diffusée en 1963. Cette même année, Olivier va faire une importante entrée au Canal 10 avec le *Capitaine Bonhomme*, incarné par le sympathique Michel Noël. C'est d'ailleurs grâce à Michel Noël que l'histoire du capitaine a vu le jour: elle est née dans sa tête en 1957.

Durant ces années, Michel avait aussi plusieurs occupations et le projet du Capitaine fut donc laissé dans l'ombre à cause des chansons et de *La Pension Velder*, un téléroman de Robert Choquette dans lequel il avait un rôle fort sympa. Il fut aussi de plusieurs émissions de variétés telle: *Silhouette* qu'il animait. Michel Noël connut une très belle carrière de chanteur et produisit plusieurs 78-tours. Son plus grand succès fut *Ma Norvège*. C'était un excellent fantaisiste qui n'avait rien à voir avec son personnage du Capitaine Bonhomme.

L'histoire du sympathique Bonhomme repose sur les aventures d'un capitaine de cargo à la retraite qui, durant des années, transportait des médicaments en Afrique et en rapportait des bananes. N'ayant plus envie de voyager, il décida un jour de s'installer en banlieue de Montréal. Il acheta une petite ferme qu'il transforma en zoo. Chaque jour il y recevait des enfants et il leur racontait ses nombreux voyages, parsemés d'aventures de toutes sortes. Le zoo avait du succès non seulement auprès des petits à qui il était destiné, mais les parents eux aussi adoptèrent le Capitaine et ses amis. Mais ce Capitaine fit quand même ses débuts à la scène. Michel le rodait dans les spectacles qu'il présentait un peu partout. Lorsque Télé-Métropole ouvrit ses portes, Michel Noël vint rencontrer Robert L'Herbier et lui proposa son *Zoo du Capitaine*, mais L'Herbier préférait attendre.

Ce n'est donc que le 17 juin 1963 que le *Zoo du Capitaine Bonhomme* vit le jour. Réalisé par Claude Lavallé, le Zoo eut comme le premier invité le père Marcel de la Sablonnière. Outre Michel Noël dans le rôle-titre, l'équipe de base comprenait Désiré Aerts, qui devint l'Oncle Pierre (il était alors le conservateur du jardin zoologique de la Ville de Montréal) et Olivier dans le rôle de Freddie Washington. Ce Freddie était le cousin du Capitaine Bonhomme. Il passait ses hivers en Floride, mais le Capitaine l'avait pris avec lui au cours d'un de ses nombreux voyages dans le Sud. Il aidait son cousin et se mêlait aussi aux aventures du capitaine racontard. Freddie et l'Oncle Pierre avaient aussi de bonnes prises de bec. Cette émission en était une d'improvisation presque complète.

Le Zoo avait aussi sa mascotte, un jeune lion répondant au nom de Kato. Il y avait aussi un chien, deux chats et un singe. S'ajoutera par la suite un perro-quet. L'Oncle Pierre était le «papa» des animaux. Il les aimait, les dressait, et surtout nous les faisait connaître. Chaque jour, il en avait de nouveaux. Ses chroniques étaient passionnantes, surtout lorsque le Capitaine et Freddie s'en mêlaient.

L'émission était un divertissement, et les chro-niques qu'on y trouvait avaient un caractère éducatif pour les admirateurs du Capitaine. Certains jours, le Capitaine invitait les enfants à amener avec eux leurs
animaux favoris. Il fallait voir des chiens, des chats, des

hamsters arriver dans le studio A de CFTM. L'équipage du Capitaine grossissait avec les mois et les années. D'autres comédiens se joignirent au Zoo, dont Gilles Latulippe, Roger Giguère et Jacques Desrosiers. Toute une belle équipe.

Ils faisaient la pluie et le beau temps et avaient un plaisir fou à faire cette émission. À certains moments, Michel Noël n'arrivait pas à garder son sérieux devant les mimiques d'Olivier. Cette situation était fréquente chez ceux qui travaillaient avec Olivier. Comme l'émission était en direct et qu'il improvisait constamment, les autres ne savaient jamais ce qui allait rebondir.

Télé-Métropole diffusa plus de 1200 émissions du *Zoo du Capitaine Bonhomme*. Malheureusement, il ne reste que quelques bouts de films de cette série. Tout a été détruit, dit-on, lorsqu'on a confié à un étudiant, engagé en période estivale, de faire du ménage dans les entrepôts de films et d'archives. Le jeune homme a cru bon de tout jeter aux poubelles. Plusieurs émissions ont connu le même sort. Non seulement au Canal 10, mais aussi au Canal 2. On a aussi donné des excuses semblables à celles de CFTM pour expliquer la disparition d'émissions comme *la Famille Plouffe*, *En Haut de la pente douce*, le *Survenant*, *Rue des Pignons* et combien d'autres. Dans une station comme dans l'autre, on semble confondre archivistes et homme de ménage. Deux vocations très distinctes.

Le *Zoo du Capitaine* dura plus de dix ans. Lorsque papa en avait la possibilité, il m'amenait avec lui en studio pour les enregistrements de l'émission. C'était merveilleux. Bien sûr, je ne l'avais pas pour moi tout seul, mais j'étais avec lui et je pouvais dire aux autres bambins: «Freddie, c'est mon papa.»

Les aventures du Capitaine se poursuivaient toujours lorsque Olivier fut hospitalisé. Les enfants s'inquiétant de son absence, le Capitaine leur avait raconté que Freddie était parti en Floride à bicyclette et qu'il était sur son chemin du retour, mais toujours sur son vélo. Il ne fallait donc pas s'impatienter de son retard. Les petits l'attendirent, mais il ne revint jamais. Papa a beaucoup aimé cette période de sa vie. Il était comblé sur tous les plans. Il avait cessé de boire complètement, après avoir accepté de demander de l'aide. Il se rendit à plusieurs réunions des A.A. Maman l'y escorta à quelques reprises et, par la suite, Huguette Bouthillier se porta volontaire. Denis Drouin fut aussi un supporteur de la sobriété de papa. Papa aimait beaucoup les enfants et ces derniers le ressentaient aussi lorsqu'ils se trouvaient en sa présence. Freddie, ou Olivier pour des millions de personnes, était l'ennemi public no 1 de la tristesse.

La télévision accaparait Olivier de plus en plus. Il lui arrivait d'accepter quelques petits engagements de cabaret, à l'occasion, mais beaucoup moins fréquemment qu'auparavant. Il pouvait maintenant se permettre de choisir. Et fidèle à ses amis en premier lieu, on le retrouvait donc souvent chez François Plion, au café St-Jacques. Olivier acceptait aussi de se produire au Faisan Bleu, à l'Hôtel Central, tout comme au Mocambo et au Casa Loma, alors temple de la consécration montréalaise, jusqu'à l'arrivée de la Place des Arts.

MA NAISSANCE

Je suis arrivé en ce monde le mercredi 7 avril 1964, avec dix jours de retard. On dit que ce phénomème se produit fréquemment lorsqu'il s'agit d'un premier accouchement. Maman n'a pas eu la tâche facile. Il paraît que je ne voulais pas me montrer le bout du nez.

Il a fallu douze heures de travail et on a craint devoir faire une césarienne à maman. Papa était à l'extérieur, il travaillait. Lorsqu'il a appris que maman était hospitalisée, il est rentré immédiatement. Il n'était pas là pour mon arrivée, mais lorsque maman regagna sa chambre, il l'attendait. Il y avait des fleurs partout. C'est Simone Berval, l'épouse de Paul, et tante Georgette Brunelle-Maltais qui ont assisté maman durant son accouchement. Ma cousine France Maltais se souvient: «Olivier tenait Luc dans ses bras et en les regardant, j'ai dit: C'est vrai, mon oncle, il est tout votre portrait... Il a répondu: Lui, il est beau... pas moi, voyons... C'est le plus beau bébé du monde.»

Maman m'a dit que j'avais été très attendu. Que tous les soirs papa lui frottait le ventre pendant des heures et provoquait des mouvements de ma part. Comme s'il eut voulu m'agacer. Je pesais 7 livres et six onces (3,175 kg) et je mesurais 22 pouces (55,8 cm) à ma naissance. On disait que j'étais un beau bébé. Le frère de maman, Lorne Brunelle et son épouse, Carmen, furent choisis pour être mon parrain et ma marraine. Tante Georgette, quant à elle, me porta sur les fonts baptismaux. Il fut question que je sois prénommé Carl. C'est en me regardant que grand-mère Brunelle a suggéré Luc. Ce fut adopté à l'unanimité. Tante Georgette m'a confié qu'elle n'avait jamais vu papa aussi heureux de toute sa vie, que le moment où il me prit dans ses bras pour la première fois. «Il disait, c'est mon gars, à moi, personne ne me le prendra jamais celui-là. Je suis prêt pour la paternité cette fois... C'est le plus beau cadeau que le Ciel ait pu me donner.»

OLIVIER GAGNE UNE VOITURE AVEC UN BILLET DE 0,50$

Chaque année, le service des loisirs de Rigaud organise une kermesse et procède au tirage d'une luxueuse automobile. Au début de mois d'août 1964, c'est à la revue *Pique Atout* qu'on avait demandé de clôturer les festivités du Service des Loisirs. Olivier monta donc sur scène avec Gilles Pellerin, Paul Berval, Denis Drouin et Lise Duval. Quelques minutes avant le spectacle, on vendait des billets pour le tirage de la voiture. Olivier en prit pour 12$. Ils se vendaient 0,50$ l'unité. Quand vint le moment du tirage, Olivier s'apprêtait à partir au volant de sa Buick Riviera, lorsque des gens vinrent lui annoncer qu'il détenait le billet gagnant. Un parmi les 24 billets achetés. Olivier n'arrivait pas à y croire. Il s'imaginait qu'on lui jouait un bon tour. Il revint dans la salle pour constater que c'était bien vrai. Qu'il était gagnant d'une Ford 64. Ce 4 août avait fait d'Olivier un homme heureux. Ça n'était pas la voiture, ni sa valeur, comme le fait d'être gagnant qui le réjouissait, car il venait de trouver le magot (en la revendant) pour pouvoir se payer le voyage pour assister aux funérailles de son fils Marc en Europe.

LA MORT DE MARC

Mon père retrouvera sa première famille dans des circonstances tragiques. Ce fut lors du décès de Marc, le cadet, victime d'un accident de la route, à un passage à niveau au Danemark, le 5 août 1964. Marc n'avait que 11 ans. Même si son fils était loin de ses yeux depuis quelques années, il était toujours très présent dans son cœur. J'étais né la même année, soit quatre mois plus tôt. C'est Jeanne D'Arc Charlebois qui m'a raconté l'affreux accident qui coûta la mort à Marco, ce gentil petit homme qui aurait été mon autre grand frère.

«J'ai toujours beaucoup de difficulté à reparler de ce drame qui a bouleversé ma vie. Nous allions nous baigner à la piscine, à Copenhague. Il y avait deux jeunes hommes avec nous, des amis qui allaient dans la même direction pour retrouver leurs fiancées. Il s'agissait de jeunes danseuses de ballet, en vacances; elles avaient loué un chalet avec le maître de ballet.

Les deux garçons étaient venus de Paris pour les retrouver. Alors je les avais amenés. Nous devions poursuivre notre trajet, mais les enfants ont insisté pour que nous allions dire bonjour aux jeunes filles... C'est alors que le train a frappé la voiture. Un passage à niveau non gardé, le feux vert. Le train n'a pas sifflé. Les deux garçons furent sérieusement blessés... Marc fut tué sur le coup. Il fut éjecté de la voiture.

Ce fut atroce. J'ai cru devenir folle... Je ne sais pas qui a prévenu Olivier, c'est peut-être moi, mais j'étais sous l'effet d'un choc terrible. Olivier est venu pour les funérailles. Ce furent des heures difficiles à vivre pour nous tous. On ne peut jamais effacer la perte d'un enfant dans le cœur d'une mère.»

On m'a rapporté un fait survenu alors que papa venait tout juste de rentrer de l'enterrement de Marc. Il devait remplir un contrat en Abitibi. Dans le sketch, il était déguisé en femme et, sur scène, il était tordant; en coulisses, il pleurait à chaudes larmes.

À la fin de la soirée, un client vint le féliciter en lui disant: «Toi, mon Ti-Zoune, t'es toujours de bonne humeur, tu ris tout le temps, on voit bien que t'as jamais de problème... Vous êtes chanceux, vous les artistes...» Papa se contenta de sourire en répondant: «Vous avez bien raison...» Il ne voulait pas decevoir son public, au point que ce dernier ignore qu'il pouvait lui aussi avoir de la peine et pleurer. En racontant cette anecdote, Léo Rivet ajoutait: «Pour le public, Olivier n'était pas un humain comme les autres. Il ne pouvait pas avoir de problèmes, c'était un comique et pour le public, un comique c'est drôle, ça ne pleure pas, ce n'est jamais triste. Si Olivier avait raconté ses peines et ses déboires, on aurait cru qu'il se moquait, qu'il blaguait.»

Jeanne D'Arc Charlebois ne revint au Québec qu'après la mort de mon père. Richard fait maintenant carrière au théâtre et au cinéma, en France. Il est devenu un des maîtres de la post-syncho et double les voix des plus grandes vedettes du cinéma américain. Il a maintenant 45 ans et son fils, Olivier III, en a 22. Richard a conservé le nom de sa mère pour faire carrière, soit Richard D'Arbois. J'aimerais connaître davantage ce demi-frère, mais la distance nous sépare et chacun vit de son côté avec sa petite famille. J'ai un frère, mais il est loin, quasi inaccessible.

Chaque fois qu'elle fut approchée pour parler d'Olivier, qui avait été son mari, Jeanne D'Arc Charlebois l'a toujours fait avec respect et dignité.

LE VOL ROSE DU FLAMANT

Du 8 au 20 décembre 1964, Olivier remonte sur la scène de la Comédie-Canadienne, alors dirigée par Gratien Gélinas. On y présente la première comédie musicale canadienne-française. Il s'agit d'un livret de Clémence Desrochers avec une musique de Pierre Brault. Albert Millaire signe la mise en scène. Olivier incarne le Grand Willy, un magicien qui rate ses tours constamment. Il est entouré de Janine Sutto, Jean-Pierre Masson, Denise Filiatrault, Roger Joubert, Clémence Desrochers, Jacques Desrosiers, Monique Lepage, Jean Besré, Pierre Dufresne, Denise Proulx, Claude Préfontaine, Hugo Roméro, Micheline Guérin, Rita Imbeault, Paul Gauthier, Yvonne Laflamme, Denise Andrieu et Claude Michaud. La critique louange l'incomparable Olivier dans son personnage de Willy.

Le spectacle se voulait une comédie musicale, mais il consistait davantage en une revue musicale, où l'on trouvait des chansons, de la danse et des numéros de comédie. Dans *Le Vol rose du Flamant*, Olivier chantait une fort jolie pièce intitulée *Ti-Loup est mort*. C'est l'histoire du petit caniche qui fait partie d'un numéro de variétés. Un jour le petit chien meurt et son maître pleure son départ. Olivier était très triste dans ce numéro.

Le public adora *le Vol rose du Flamant* et, au lendemain de la première, il était impossible de trouver des billets, ils s'étaient tous envolés.

En février 1965, Olivier participe au Music-Hall canadien, présenté à la Place des Arts pour trois re-présentations. On retrouve aussi au générique: Janette Bertrand, Denis Drouin, Marcel Gamache, France Joël, Benny Barbara, Les Houlops, Michel Louvain, Paolo Noël, Rosita Salvador et Shirley Théroux. Roger Joubert assure la direction musicale. Parmi les sketchs présentés, celui des *Voisins* de Marcel Gamache. Dans ce sketch, Olivier est plombier et se nomme Basile Lebrun. Le public est quand même familiarisé avec Basile, il l'a d'abord connu dans *Pique Atout*.

En mars 1965, on annonce la venue prochaine d'une nouvelle série à Télé-Métropole. Il est question d'un titre dans le genre *Les Voisins*. Marcel Gamache en sera l'auteur. On annonce qu'il s'agit d'une aven-ture de 13 semaines. Finalement elle durera plutôt cinq ans.

LA BELLE AVENTURE DE CRÉ BASILE

L'émission *Cré Basile* fut le premier téléroman de Télé-Métropole. La station de télé privée avait commis une tentative deux ans auparavant, mais ce fut un désastre. Alors la direction opta pour la formule variété. C'est dans les premiers mois de 1965 que le projet fut an-noncé. On réalisa un pilote et il fut accepté.

En fait l'histoire de Basile remontait à quelques années auparavant. Pour *Pique Atout* Marcel Gamache avait créé une comédie intitulée *Les Voisins*. L'un de ces voisins était Basile Lebrun, un plombier. Gamache avait travaillé ce personnage en imaginant Olivier dans différentes situations. Lorsque le projet fut soumis à Télé-Métropole, il avait comme titre de travail: *Les*

Voisins. Après le tournage du pilote, il fut décidé qu'on le nommerait *Pauvre Basile*. Finalement, il fut convenu que ce serait *Cré Basile*.

La situation n'était pas compliquée. Basile et sa femme Alice (Béatrice Picard), avaient comme voisins d'en haut Fabien Chaput (Denis Drouin) et son épouse Colombe (Amulette Garneau). Les intrigues se déroulaient tantôt chez Basile, tantôt chez Fabien. Basile était continuellement la victime de Fabien. Ce dernier lui empruntait toujours un 10$ en plus de le mettre dans des situations cocasses.

Cré Basile fut diffusé à compter de mai 1965, pour 13 semaines. Jamais une série-télé n'avait connu autant de succès. Dès son arrivée, *Basile* a fait basculer *Les Belles Histoires des pays d'en haut* aux côtes d'écoute. On ne tarda pas à qualifier *Basile* de phénomène. Chaque semaine, le mardi soir, 500 000 foyers dans la seule région métropolitaine syntonisent CFTM pour retrouver leur ami Basile Lebrun.

Le téléroman de Marcel Gamache fera oublier aux Québécois la légendaire *Famille Plouffe*. Au fond les deux téléromans ont un point en commun, plusieurs même. Les deux se passent au sein de la famille urbaine traditionnelle, là où est le vrai monde. Les décors principaux sont la cuisine, le salon et quelquefois la chambre à coucher. Les personnages ressemblent aux gens de la rue, le petit populo. On parle le langage du peuple, qu'on appelait à l'époque «canayen-français».

Par contre, si les Plouffe sombraient dans le drame, Basile faisait se tordre de rire deux millions de téléspectateurs partout dans la Province. Sans compter ceux de l'Ontario et du Nouveau-Brunswick qui suivaient religieusement les aventures de *Cré Basile*. C'est, en fait, Freddie Washington le responsable de la venue de Basile. À CFTM, on recevait beaucoup d'appels du public demandant qu'Olivier Guimond apparaisse dans une série pour adultes. Les adultes avouaient qu'ils regardaient *le Zoo du capitaine Bonhomme* pour y voir Freddie Washington. Cette émission était présentée en fin d'après-midi, pour les enfants, dès leur retour de l'école. Finalement, les parents la regardaient avec leurs enfants. Devant l'insistance du public, CFTM proposa à l'équipe Gamache-Guimond de lancer un téléroman drôle. Une sorte d'émission à sketchs à la Jackie Gleason.

Si *Basile* avait été conçue pour les parents, l'émission devint aussi la préférée des plus jeunes. Olivier définissait la situation en ces termes: «Ce sont en bonne partie les enfants qui font la popularité de notre émission. Ils nous font la meilleure publicité qui soit auprès des parents.»

La popularité de *Basile* ne cessera de croître. Après un été fulgurant, l'émission se poursuit en septembre, à la rentrée. Elle est retransmise dans une dizaine de postes de télé affiliés, les mardis soir à 20 h 30. La Brasserie Labatt 50 était le présentateur de *Cré Basile* et Olivier était la vedette de Labatt. Il enregistra des dizaines de réclames pour la brasserie. On les diffusait pendant *Cré Basile*. Tout à coup arrivait la pause commerciale et Olivier nous apparaissait en disant: «*Y en aura pas de commercial...*» ou encore «*Lui y connaît ça*». Tout le Québec des années 60 et 70 a utilisé les «*ko ka fa la la*» et «*lui y connaît ça*». On entendait ça partout, et dans toutes les couches de la société. À Ville Mont-Royal comme dans le faubourg à melasse.

La réalisation de *Basile* fut confiée à Pierre Ste-Marie. Il aimait Olivier et une grande complicité s'installa entre eux. Il lui arriva souvent d'enregistrer des répétitions de l'émission. Il savait trouver la magie d'Olivier, il la faisait ressortir. Un jour, le réalisateur reçut une lettre provenant d'une communauté religieuse, pour le féliciter de la bonne tenue de l'émission et l'absence de vulgarité. Les religieuses avouaient suivre l'émission avec leurs élèves et elles ajoutaient que la plus grande punition qui soit pour un enfant trop turbulent était d'être privé de son *Cré Basile* le mardi soir. D'autres demandaient que l'émission soit diffusée plus tôt, afin que les plus jeunes puissent la voir.

Dans les débuts, des gens ont écrit pour se plaindre des «moé pis toé». Ils eurent gain de cause. Marcel Gamache fit des concessions. Il accepta d'éliminer le «joual», mais insista pour que les comédiens conservent le patois canadien-français. Il obtiendra de conserver certains anglicismes nécessaires.

Plus tard on recevra plusieurs lettres demandant que l'émission passe de trente minutes à une heure. Marcel Gamache reçut même des lettres de gens qui se plaignaient des mauvais tours que Fabien jouait à son ami Basile. On prenait ce dernier en pitié. Et c'était sérieux, en plus. Denis Drouin a reçu des lettres de bêtises provenant de gens qui le traitaient de profiteur, de voleur, de Judas... Un peu comme ce fut le cas pour Jean-Pierre Masson en raison de son personnage de Séraphin dans *Les Belles Histoires*. On se plaisait à le détester à chaque semaine.

Si les situations comiques de *Basile* étaient parfois exagérées, la tendresse et l'humanité d'Olivier étaient vraies et perçaient l'écran. Basile nous menait par le bout du cœur avec sa naïveté et sa vulnérabilité.

À un journaliste un peu hautain qui, en entrevue, qualifiait l'émission d'insignifiante, Olivier avait répondu: «Cré Basile n'est pas une émission intellectuelle, loin de là. C'est sans prétention, c'est simple et primaire... Si on avait voulu faire plus intellectuel, on aurait choisi une formule dans le genre «Papa a raison»... Nous avons voulu une émission drôle afin d'aider les gens à oublier leurs tracas. La comédie a toujours eu sa place. Je dirais même que rien ne peut remplacer une bonne comédie. Dans les clubs, on a tout essayé: danseuses, équilibristes, mangeurs de feu, etc. C'était toujours le sketch comique qui retenait l'attention... *Cré Basile* n'apporte sans doute rien au point de vue culture, mais beaucoup au point de vue détente. Et il en faut des émissions de détente. Les gens sentent le besoin de se reposer des milliers d'enfants qui meurent de faim en Inde, ils veulent oublier la guerre du Viet-Nam, la bombe atomique...

«Les tartes à la crème ont toujours fait rire. Les mésaventures des autres nous ont toujours fait rire précisément parce qu'elles arrivent aux autres et non à nous... Basile c'est le gars bonasse, un peu malchanceux sur les bords, qui fait confiance à tout le monde et surtout à ceux qui ne le méritent pas. C'est un bon travailleur qui se fait abuser constamment par son voisin le roublard Fabien... Mais il finit toujours par s'en sortir...

«On amuse le public et on s'amuse avec lui, c'est ça qui compte. C'est le mandat qu'on nous a donné... Si le public aime, notre mission est accomplie.»

LA FAMILLE DE BASILE

Mis à part ses voisins d'en haut, Basile avait une petite famille. En premier lieu, sa femme, Alice, qui prenait au tragique les moindres gestes et bévues de son mari. Mais elle était aussi très prompte à lui pardonner et à se réconcilier.

Le rôle fut très bien rendu par Béatrice Picard, qui donnait un ton très naturel au personnage. On ne l'avait jamais connue comme comique auparavant. Elle avait tenu des rôles surtout dramatiques, des personnages sévères, style vieille fille. Elle n'avait que très peu travaillé avec Olivier auparavant. Elle avait cependant une très grande admiration pour lui.

Basile Lebrun avait aussi une belle-mère, incarnée merveilleusement par Juliette Huot. C'était continuellement une guerre douce entre eux. La belle-mère trouvait toujours un moyen d'adresser des reproches à son gendre et de le bourrasser, même dans son propre salon. Pour ne pas déplaire à sa chère Alice, Basile endurait sa belle-mère, mais il lui arrivait quelquefois de la passer à la moulinette. Lorsque Basile se payait une petite vengeance à l'endroit de Fabien ou de sa belle-mère, le public jubilait.

Basile avait aussi un frère jumeau. Naturellement, Olivier devait jouer les deux rôles. Un tour de force qui semblait une banalité pour lui. Et il y avait son patron incarné par Maurice Gauvin.

Des rôles épisodiques venaient se greffer aux principaux personnages. Une pléiade de comédiens et de comédiennes défilèrent dans des rôles moins importants au cours des cinq ans qu'a duré *Cré Basile*. Pierre Lalonde fut du nombre. Il incarnait le neveu de Fabien. C'est aux côtés de Basile qu'on fera la connaissance de Symphorien (le cousin de Basile), incarné par Gilles Latulippe. Le public déplora longtemps le départ de ce téléroman-comédie. *Cré Basile* fut l'émission qui révolutionna la télévision des années 60 et 70. De plus, elle fut la première émission en couleurs à Télé-Métropole.

Gamache jouait autant avec ses personnages qu'avec les comédiens. Ainsi, lorsque Béatrice Picard fut enceinte, Alice Lebrun l'était aussi. En 1968, Marcel décida de se tourner vers le sport. Alors Basile joua au baseball, il sera aussi pilote d'automobile. En 1969, on constate que la popularité d'Olivier est à son apogée. Le plombier est devenu directeur d'une importante firme de plomberie. Un nouveau personnage apparaît dans la série, la nièce de Basile, qui sera incarnée par Mariette Lévesque. Olivier travaille constamment, même trop, lui dira son médecin. On le réclame de partout pour venir en aide à des causes humanitaires de toutes sortes. Les seuls moments où Olivier refuse, c'est quand le travail oblige ou encore lorsque des douleurs abdominales le font souffrir. De plus en plus en le verra en coulisse porter la main à son ventre et grimacer de douleur. La dernière émission de *Cré Basile* s'intitulait *Le départ*. C'était le déménagement. Basile et Alice partaient s'installer à l'extérieur du pays. Il en était de même pour Claude et

Fabien, qui, lui, devenait chauffeur d'un ambassadeur au Japon. Même si Marcel Gamache tenta de rendre la situation amusante, on sentait beaucoup de tristesse dans le jeu des comédiens.

Jamais une émission n'avait connu une telle cote d'écoute dans le Montréal Métropolitain. Les records établis précédemment étaient ceux de *La Famille Plouffe* de Roger Lemelin qui, en février et avril 1958, avaient attiré 385 000 téléspectateurs. *Le Survenant* de Germaine Guévremont en avait eu 375 000 en mars 1959, et *La Poule aux œufs d'or*, 365 000 en 1960.

C'est papa qui partit de CFTM pour aller à Radio-Canada. Il avait sûrement ses raisons, mais il eut quand même tord et le regretta par la suite. Nos belles années ont été celles de *Cré Basile*. Papa m'amenait en studio. Lorsqu'il y avait des enregistrements en extérieur, j'allais aussi avec lui. Je promettais d'être sage et j'obtenais toutes les faveurs.

Maman m'a raconté que l'équipe de *Cré Basile* formait une famille, la parenté de papa. Les comédiens se fréquentaient. Juliette Huot jouait à la mère avec eux. Elle leur faisait de bons petits plats. Juju était aussi une grande sœur pour ces gais lurons. Ils aboutissaient chez elle, rue MacKay, aux petites heures. S'ils avaient eu des problèmes, c'est à «Juju» qu'ils allaient en parler. Elle les écoutait, les consolait, et surtout les conseillait. Elle était sans doute la grande sœur qu'ils auraient voulu avoir.

Papa aimait beaucoup Madame Huot. Ils ont travaillé souvent ensemble et leur amitié se prolongea pendant plus de trente ans. Il fallait les voir jouer le fameux *Trois heures du matin*, un classique qui ne se démodera jamais. En plus de Madame Huot, il voua une admiration sans bornes à Madame Pétrie qui l'avait connu alors qu'il était presque aux couches. Il en était de même pour Madame Béliveau qui avait joué avec grand-père et qui travailla à maintes reprises avec papa, par la suite. Elle fut aussi du début de *Cré Basile*. Elle incarnait une tante détestable. Tante Clara.

Tout au long des années *Cré Basile*, papa ne prit aucun alcool. Il tint sa promesse. Maman était très fière de lui. C'était le bonheur à la maison. Bien sûr, il travaillait beaucoup. Il y eut jusqu'en 1971, le *Capitaine Bonhomme*. *Cré Basile* ira tourner en France. Toute l'équipe s'envolera, grâce au magazine *Actualité* et à l'agence de voyage Tobin. L'équipe visite Paris, Lyon, Pise, Rome, Florence et Venise. Olivier devra quitter le groupe pour rentrer à Montréal plus tôt que prévu: alors qu'on vient de l'élire «Monsieur Radio-Télévision». Il y aura aussi une tournée *Cré Basile* dans vingt villes du Québec. Télé-Métropole met deux camions-remorques à la disposition de l'équipe. Les comédiens présentent un sketch en deux actes qui ne passèrent jamais à la télévision.

Notre petite famille nageait dans le bonheur. Papa était heureux, il aimait ce qu'il faisait. On le réclamait partout. Il était au sommet de sa carrière. Tout en étant à la télévision, il continuait de travailler avec l'imprésario Janette Daniel. Elle s'occupait de ses engagements de 1967 à 1971 avec Madame Fernande Grimaldi (épouse de Jean). Il s'agissait d'engagements dans des cabarets, salles de spectacles, super-clubs, congrès. Olivier y venait avec Denis Drouin. Ils avaient

un répertoire illimité et pouvaient tenir la scène des

heures durant. Même s'il travaillait dans des bars, papa ne trichait pas. C'était l'abstinence.

MONSIEUR RADIO-TÉLÉVISION 1966

Une des grandes joies dans la carrière de papa fut cette consécration que lui décerna le public en 1966, au Gala des Artistes. Chaque année, on couronnait une Miss et un Monsieur Radio-Télévision. Dans les premières années des galas, qui débutèrent en 1940 avec Mimi D'Estée, cette vedette était couronnée Reine de la Radio, par l'intermédiaire d'une votation du public dans *RadioMonde*.

Parmi les vedettes féminines à se voir honorées du titre de Miss Radio, ou Miss Radio-Télévision, voici quelques célèbres reines: Marcelle Lefort, Estelle Maufette, Yvette Brind'Amour, Sita Riddez, Rollande Desormeaux, Lucille Dumont, Marjolaine Hébert, Thérèse Cadorette, Lise Roy, Huguette Oligny, Muriel Millard, Béatrice Picard, Janette Bertrand, Gisèle Schmidt, Denyse St-Pierre, Denise Filiatrault, Andrée Champagne, Michelle Tisseyre, Janine Sutto, Huguette Proulx, Monique Miller, Monique Lepage, Nicole Germain, Marie-Josée Longchamp, Rita Bibeau, Juliette Huot, Ginette Reno et Michelle Richard.

Chez les hommes, on débuta plus tard: Les Kings de la télé furent: Jean Coutu, Jacques Normand, Réal Giguère, Fernand Gignac, Yvan Ducharme, Jen Roger, Paolo Noël, Pierre Lalonde, Jean Duceppe, Raymond Lemay, Claude Blanchard et Gilles Latulippe.

Ces artistes furent les favoris dans le cœur du public, puisqu'il leur décerna le plus grand honneur qu'un artiste pût recevoir à cette époque au Québec. Pour mériter ce titre, l'artiste devait se trouver au sommet de sa carrière et avoir surtout l'affection du public. En 1965, Margot Lefebvre et Michel Louvain avaient remporté la palme. Ils étaient tous deux chanteurs.

Papa n'était pas convaincu de gagner, bien que tout le monde le lui dise. À leur arrivée au gala, papa et maman étaient très beaux. Papa était rigolo. Il embrassait maman dans le cou... «Tu es la plus belle de toutes les femmes que j'ai eues dans ma vie... C'est avec toi que j'ai été le plus heureux... Ma carrière n'a jamais été aussi bien portante. Je gagne beaucoup, nous avons une belle vie... Le Ciel nous a donné le plus grand cadeau, notre Luc, que pourrions-nous demander de plus? Je suis l'homme le plus choyé du monde. Je suis aimé par la plus jolie femme de la terre... Et elle s'appelle Manon...»

Pour ce gala, papa s'offrit un nouveau tuxédo et Maman choisit de porter un tailleur avec col Mao. Lorsqu'ils arrivèrent au gala, les flashes crépitaient de tous les côtés. Jane et Denis Drouin suivaient derrière. Ils étaient arrivés ensemble. Il disait que le seul vrai trophée, il venait du public lorsqu'il se levait pour applaudir l'artiste ou le chanteur en scène. Il ne les collectionnait donc pas. Mais celui-ci avait une tout autre signification, il ne venait pas de l'industrie, mais bien du public qui avait voté pour lui décerner le titre de «Monsieur Télévision» ce qui équivalait à être reconnu comme l'artiste le plus populaire de l'année.

Papa avait une Miss qui était du même calibre, Dominique Michel. Quelle belle paire ils auraient fait ensemble dans une série! Hélas ils ne travaillèrent que très peu ensemble. Papa admirait Dodo et Denise. Surtout dans *Moi et l'autre*. Il les voyait comme la relève de Juliette Pétrie et de la Poune.

Lorsque papa se leva de son siège pour aller cueillir son trophée, il embrassa maman, la serra dans ses bras. Puis, arrivé sur scène, il sembla très ému. La salle l'acclamait à tout rompre. Il remercia sa famille de *Cré Basile*, ainsi que ceux et celles qui avaient voté pour lui. Il ajouta: «Ce soir, je suis l'homme le plus riche du monde et ça me rajeunit de 20 ans. Et je suis content de rajeunir de 20 ans, parce que ça va me permettre de vous faire rire et sourire pendant 20 ans de plus... Merci à vous.»

Le lendemain du gala, papa me prêta son trophée que je pus installer dans ma chambre. Je l'ai toujours conservé. C'est un morceau dont il était fier. Papa et Dodo cédèrent leur titre l'année suivante à Michelle Richard et Jen Roger.

Le réalisateur Gilles Carle réalisera un excellent document sur Olivier, ayant pour titre: *Place à Olivier Guimond*. On y trouve des entrevues et des sketchs filmés par Carle. Parmi les beaux moments: *Trois heures du matin* avec Juliette Huot, des bouts d'entrevue avec Lise Payette et des sketchs avec Paul Desmarteaux et Yvan Ducharme. Olivier y est excellent comme toujours. Il danse avec Paul Desmarteaux et il chante avec Mariette Lévesque. Une belle complicité s'installa entre lui et Carle. Ce dernier rêvait par la suite de tourner un vrai long métrage avec papa, mais le projet fut remis à plus tard et ce fut trop tard. Hélas.

Gilles dira à la mort de mon père: «Olivier est le seul qui ait su me faire rire. Je n'étais qu'un petit cinéaste à l'époque. Lui il avait des années de métier de plus que moi. Je ne pesais pas lourd dans la balance des valeurs, à côté de lui. Il me donna la plus belle leçon de modestie et ne joua jamais à la vedette. Il resta simple, écoutant attentivement, évitant jusqu'à la fin du tournage de parler de la différence de métier qui nous séparait.

«C'est, je pense, pour cette raison que j'ai pu faire ce document si humain sur Olivier. Ce que je reproche à ceux qui ont travaillé avec Olivier dans les dernières années, c'est qu'ils écrivaient en oubliant la personnalité très forte de l'homme et de l'artiste. Tout le monde misait sur le nom de Guimond, sans penser aux aspirations de ce même Olivier. C'est une regrettable erreur, car s'il y eut des échecs dans la carrière d'Olivier ça n'a jamais été de sa faute. Bien sûr, il arrivait à faire du bon avec du matériel pourri. Il s'en sortait toujours. Mais on a beau avoir de grandes ressources, on ne peut sans cesse faire des miracles. Olivier en vint à douter de lui-même. Il perdait confiance en lui. Il ne s'est pas détruit, ce sont les événements qui ont tout brisé.»

10 000 ADMIRATEURS FÊTENT LES 35 ANS DE CARRIÈRE D'OLIVIER AU COLISÉE

Plusieurs festivités entourèrent «Monsieur Télévision 1966». On fit une grande fête au Colisée de Québec pour souligner le Méritas d'Olivier, et, par la même occasion, rappeler ses 35 ans de carrière. Ce gala était animé par Roger «Cha Cha» Dulude et St-Georges Côté. Une pléiade de vedettes y participèrent dont Jacques Desrosiers, Margot Lefebvre, Amulette Garneau, Béatrice Picard, Les Jérolas, Paul Berval, Denis Drouin, Gilles Latulippe, Billy Mason, Juliette Huot, Miville Couture, Clémence Desrochers, Maurice Gauvin, Daniel Guérard, choisi Découverte de l'année au Gala des Artistes 66, avec Claire Lepage.

Jenny Rock était aussi de la fête, tout comme Fernand Gignac, élu «Monsieur Télévision» de 1964. Plus d'une trentaine d'artistes participèrent à cette soirée en l'honneur d'Olivier. Le Colisée était bondé d'admirateurs d'Olivier et de Basile. La foule fut évaluée à 10 000 spectateurs. Ces moments de reconnaissance intimidaient beaucoup Olivier. Il était gêné de recevoir tous ces honneurs.

La Vieille Capitale avait déroulé pour lui son tapis rouge. Il avait été invité par le maire Gilles Lamontagne à signer le Livre d'Or de la Ville de Québec. Cet honneur était réservé aux plus hauts personnages, ou à tous ceux qui ont su se distinguer d'une façon toute particulière. On a aussi remis plusieurs cadeaux à Olivier. Il avait les bras chargés en quittant l'Hôtel de Ville. Ce jour là, Olivier avait eu un horaire très serré. On avait prévu plusieurs visites officielles aux quatre coins de la Ville. Québec fit tous les honneurs à Olivier. Il fut reçu comme un roi.

L'imprésario Roy Cooper, un bon ami de papa, tenta maintes fois de le convaincre d'aller travailler chez les Américains. Papa disait que ça l'intéressait, mais il n'était jamais disponible. Cooper lui avait même ouvert certaines portes à New York et à Hollywood, mais papa n'y alla jamais.

En 1969, du 15 août au 28 septembre, Olivier revint sur la scène de la Comédie-Canadienne, celle même qui lui avait porté chance en 1958, lors de la grève à la télévision d'État. Cette fois, il s'agit d'une grande revue de Music-Hall, avec la Reine elle-même, Muriel Millard. Chanteuse depuis son adolescence, elle fut l'une des découvertes de Jean Grimaldi. Elle travailla en tournée avec Olivier. Ils étaient de bons amis. Elle fit aussi plusieurs séjours à New York et développa un style musical bien à elle, qui se situe entre celui de Mistinguett et Joséphine Baker.

Lorsque Muriel décida de monter des spectacles, elle y laissa sa chemise. Elle perdit des centaines de milliers de dollars. Jamais elle ne reçut la moindre subvention. Si la télévision a fait des concessions face au vaudeville et au music-hall, nos ministres de la culture ont toujours considéré ces disciplines comme non culturelles.

Lors d'Expo 1967, Olivier avait été reçu par le maire Jean Drapeau sur le site de l'Exposition. Olivier s'était aussi rendu applaudir son amie Muriel qui tenait l'affiche du Jardin des Étoiles de La Ronde avec *Vive la Canadienne*. En 1965, elle avait présenté pour la première fois un spectacle de music-hall, *Plaisirs de Paris*, au Casa Loma. Elle récidiva en 1966 avec *Gai, gai, la belle Province* qui eut un gros succès.

En 1968, Muriel montait *Terre des Femmes* à la Comédie-Canadienne. On y trouvait Juliette Béliveau, Juliette Pétrie et plusieurs vedettes du vaudeville. En 1969, Muriel propose *Frissons*. Gratien Gélinas écrira les textes, Raymond Berthiaume dirigera les choristes et Michel Brouillette assurera la direction musicale. Direction artistique et chorégraphie de George Reich. Les vedettes de cette revue: bien sûr, Muriel Millard, ainsi que Juliette Huot, Tom Allen, Los Martin Fierros et les Farias. Olivier et Juju présentent deux sketchs dont *Trois heures du matin*. Ils reçurent une chaleureuse ovation à chaque représentation.

Papa adorait ce genre de revue musicale où l'on intégrait l'humour. Il rêvait souvent de monter des spectacles, comme lui les voyait. Il fera d'ailleurs une tentative en louant le théâtre Amherst. N'ayant aucun sens des responsabilités, il ne sera pas le meilleur des hommes d'affaires. Il s'aventura dans une flotte de taxis à Montréal. Il y perdit quelques milliers de dollars. Il fit aussi une incursion dans la restauration, encore là, il perdit de l'argent. Papa était trop généreux pour être homme d'affaires.

Le chanteur Lionel Daunais confia un rôle à papa dans la comédie musicale: *La Margothon du Bataillon*. Même s'il ne s'agissait pas d'un premier rôle, papa fit très belle figure et reçut des éloges de la critique.

Le 22 septembre 1967, Gilles Latulippe inaugura son Théâtre des Variétés. La grande, l'unique Juliette Béliveau frappa les trois coups d'ouverture. Papa était au nombre des artistes invités à cet événement. Il travailla à plusieurs reprises chez son ami Latulippe et ce dernier enregistra sur cassettes audio plusieurs bons numéros de papa. Gilles a prénommé son fils unique Olivier, à la mémoire de mon père.

OLIVIER QUITTE LE 10 POUR LE 2

La nouvelle ne devait pas se savoir. En fait, Olivier n'avait rien signé. On lui avait fait des propositions et il étudiait l'offre sous tous ses angles. On lui proposait une grosse émission. Ce qui faisait hésiter Olivier était en premier lieu sa famille de *Cré Basile*, son attachement à Marcel Gamache et à CFTM. Il s'y sentait chez lui. Mais voilà que l'on publia dans un journal qu'Olivier avait signé avec Radio-Canada, qu'il quittait Télé-Métropole en pleine gloire, après cinq ans de succès. Peu de gens étaient au courant de ces pourparlers ultrasecrets avec les patrons de Radio-Canada.

Pris au dépourvu, ne pouvant plus reculer, alors que, pourtant, les négociations n'étaient qu'au stade préliminaire, papa n'eut d'autre choix que de signer ce mirobolant contrat pour *la Branche d'Olivier*. Il fut invité à l'émission *À la seconde* pour promouvoir la nouvelle série. *À la seconde* était un quiz animé par Jean-Pierre Coallier. Un panel d'artistes était jumelé à des gens du public, ce qui permettait à ces derniers de gagner de l'argent. Il ne fallait jamais dire «oui» ou «non», aux questions posées par l'équipe adversaire. Gilles Vigneault, Ginette Reno, Gratien Gélinas, Lise Payette, Gilles Pellerin et Andrée Champagne figuraient parmi les invités. Dans le premier tour, Olivier tint bon durant 54 secondes et dans le second tour, 13 secondes seulement. On le sentait très gêné. Il avoua ne pas être à l'aise en entrevue.

Papa y parla élogieusement de son nouveau rôle, il y croyait. Il voulait que ça marche aussi fort que *Cré Basile*. Il avait cinq ans de succès derrière lui. *La Branche d'Olivier* était très attendue. Hélas, elle décevra très vite. On avait pourtant mis le paquet, sauf qu'en chemin, on avait oublié le plus important, Olivier lui-même. Il n'était pas lui. On voulait le faire jouer autrement. On le dirigeait, comme si on voulait lui enseigner son métier. L'émission ne répondit pas aux attentes du public, ni à celles d'Olivier. On ne voulait pas répéter *Cré Basile*, ni *Pique Atout*. Pas question de gags genre tarte à la crème. Papa fut très malheureux de cette expérience.

La Branche d'Olivier prit fin après 15 jeudis. Le resto qu'Olivier et Denis Drouin dirigeaient dans cette émission a fermé ses portes. Les textes ne ressemblaient en rien à la personnalité d'Olivier. Guy Hoffman réalisait l'émission. Olivier fut très gentil avec lui, mais, en réalité, Hoffman et son équipe n'avaient pas su travailler avec Olivier. Ils ont mis du temps à comprendre. La dernière émission fut diffusée le 17 décembre 1970. Quelques jours avant ce fameux «Bye Bye» 70.

Ce «Bye Bye» demeure un des beaux et grands moments de la carrière de mon père. L'émission fut réalisée par Jean Bissonnette avec textes de Gilles Richer. Comme les derniers mois avaient été déprimants, papa avait recommencé à prendre un verre. La fameuse scène où il jouait le rôle de gardien devant la maison d'un riche politicien de Westmount était en réalité une répétition. Le réalisateur avait pris soin de l'enregistrer, au cas où.

La scène fut tellement bonne qu'on ne la reprit pas une seconde fois. C'était ainsi avec papa. Dans ce «Bye Bye» il travaillait aussi avec des gens qu'il connaissait peu, comme Louise Latraverse et Louise Forestier.

Tous les sketchs où il apparaissait furent des petits chefs-d'œuvre. Comme il était content de son travail en rentrant à la maison! Tout le monde l'avait félicité sur le plateau. Le lendemain de la diffusion du «Bye Bye», le téléphone sonna sans arrêt à la maison, tout le monde voulait féliciter papa pour sa performance. Rien de mieux pour lui remonter le moral. J'ai toujours le cœur gros lorsque je regarde ces scènes du «Bye Bye». Un souvenir triste et doux à la fois

Radio-Canada reviendra à la charge en proposant un spectacle mensuel avec Richard Martin comme réalisateur. Martin est très doué pour les spectacles de variétés. On lui confie *Smash*. Après trois émissions, on décide de la retirer de l'horaire. Fallait-il que ce soit pénible pour qu'Olivier en vienne à sortir de ses gonds et à crier «Ça suffit, y a rien de drôle dans ce que l'on fait...»

Il aurait fallu Marcel Gamache pour écrire les textes de l'émission. Gamache savait écrire pour Guimond. Olivier était l'homme le plus malheureux du monde, si on lui faisait comprendre que son travail était décevant. Profondément convaincu, il essayait par tous les moyens d'être parfait et, s'il n'y parvenait pas, c'était à cause des mauvais textes qu'on lui demandait de jouer. Olivier ne voulait jamais décevoir son public, ni ceux qui croyaient en lui. Aucun effort n'était trop grand pour lui.

On retient quelques bons numéros de *Smash* comme celui où Olivier est invité par des adeptes de Weight Watchers à une dégustation de boisson. On retrouve parmi les figurants: Germaine Giroux, Juliette Pétrie, Gilbert Chénier, Gérard Vermette, Denise

Proulx, Maurice Beaupré et Juliette Huot. Dans ce sketch Olivier finit par essayer toutes les boissons et devient complètement ivre, comme seul il savait le faire. Il aurait définitivement été meilleur si on l'avait laissé à lui-même.

Avec *La Branche* tout comme pour *Smash*, le comédien mit les bouchées triples. Ces deux échecs à Radio-Canada ont beaucoup miné Olivier. Sa nature inquiète, sa tendance à toujours se remettre en question firent le reste. Cette période allait le conduire vers la maladie. On sait que, depuis des années, il traînait ces douleurs à l'abdomen. Un jour, ça éclatera.

Côté financier, Olivier traverse une dure passe. Ses investissements dans un *Drive Yourself* et dans un snack-bar de Québec ne lui rapportèrent pas ce qu'il attendait. Les impôts avaient été très voraces à son endroit. Il dut vendre sa grosse maison et en acheter une plus petite à Cité Jardins. Papa n'habita pratiquement pas dans cette maison. Il fut hospitalisé deux semaines après l'aménagement de la famille.

Lorsqu'au «Bye Bye» Olivier semblait être heureux de voir partir 1970, il ne jouait pas. Cette année, avait été cruelle avec lui. Il voulait l'oublier. Échecs télé, Maman avait dû être hospitalisée, pertes d'argent, vente forcée de la maison... et sa santé qui déclinait. Papa était très dépressif à l'automne 1970 et il en avait été ainsi durant toute l'année. Pour toute bonne nouvelle, il y en avait quatre mauvaises. Chaque fois Olivier disait: Combien ça coûte pour avoir la paix? Ses yeux de «bon gars» se voilaient de larmes. Avoir donné sa vie à un métier, pour un public, et soudain réaliser que tout s'écroule, quel choc! Bien sûr, dans le cœur du public, rien ne changea jamais. Olivier demeura l'enfant chéri du peuple pour des générations.

Dans une courte entrevue à la fin de *La Branche d'Olivier*, il dira: «Nous sommes sur terre pour un temps si court, qu'il vaut mieux l'employer à faire du bien et avoir des rapports positifs avec les humains. Je veux continuer de travailler, c'est certain, mais pas comme un fou, pas comme avant... juste ce qu'il faut pour se permettre les bontés que nous offre le monde. Il faut apprendre à profiter de la vie... C'est ce que je compte faire maintenant..»

Si son resto *La Branche* ne fut pas un succès, celui dans lequel il avait investi à Québec allait prendre la même tournure. Tante Georgette, qui était venue au secours de papa dans cette aventure, me confiait: «Ton père faisait confiance à tout le monde. Il avait délégué sa direction à son homme de confiance, H.R. et il n'aurait pas dû. Lorsqu'il a réalisé que ça se gâtait, que les factures s'accumulaient il m'a demandé de venir à Québec pour replacer les choses. J'ai fermé l'endroit pendant trois jours, nous avons fait un grand ménage et nous avons doublé la clientèle en deux semaines. Ça s'appelait *Buffet Chez Olivier* et c'était situé au Carré Youville. Olivier a vendu en juillet 1971. Je me souviens, il était malade ce jour-là, il tremblait. Guy Rouleau, son avocat et ami, était venu avec lui pour signer les papiers de vente.» Olivier ne fit vraiment aucun profit avec ce restaurant.

LE TROPHÉE DE L'ARTISTE LE PLUS GENTIL

Même si les déceptions s'accumulaient, Olivier vivait des moments de douceurs. Pendant le tournage de la dernière émission de *Smash*, au printemps 1971, il recevra quelques honneurs. Comme ce prix Orange qui lui fut décerné à deux occasions. Le magazine *TV-HEBDO* avait lancé le concours des prix Orange et Citron. L'un couronnait l'artiste le plus gentil et l'autre, le plus détestable. Il y avait version masculine et féminine des récipiendaires de ce prix. Celle qui remporta la palme aux côtés d'Olivier cette année-là, fut Pauline Julien.

En plus du trophée, les gagnants étaient invités par Berthold Brisebois, commanditaire du concours, à un voyage en Espagne pour une dizaine de jours. Les journalistes Roger Chabot, Pierre et Jean-Pierre Trudel étaient du voyage. Le groupe rencontra la comédienne Denyse St-Pierre et son époux Paul Colbert, alors directeur du bureau de télé de Radio-Canada à Paris. De belles amitiés ont vu le jour durant ce voyage de rêve à Terremolinos et Madrid. Olivier et Manon adorèrent ces dix jours à l'enseigne de la vraie gentillesse et de l'humanisme le plus complet.

CHAPITRE 8

UNE AGONIE
QUI DURERA TROIS MOIS

Le vendredi 27 août 1971, papa ne pouvait plus endurer ses douleurs qui duraient depuis des semaines. Il avait très peur de l'hôpital, mais il se laissa tout de même convaincre par maman. Il part donc en voiture avec maman, direction hôpital St-Joseph de Rosemont. Elle lui dit: «Au moins, laisse-toi examiner; on va te dire ce qu'il en est et tu décideras ensuite pour l'opération, s'il y a lieu...» Dans la voiture il dira à maman: «Tu sais, mon père est allé à l'hôpital pour subir un examen général et il est mort pas longtemps après. En plus, il conduisait lui-même sa voiture pour aller à l'hôpital. Après l'examen, on lui a fait subir une supposée petite opération de rien et, finalement, il n'est jamais ressorti vivant de l'hôpital...» Il craignait de mettre ses pieds à l'extérieur de la voiture lorsque maman ouvrit la portière. Il voulait retourner à la maison. Il se fit prier et finalement il abdiqua.

Maman m'a raconté que lorsqu'il était question de la mort, papa disait toujours qu'il voulait mourir vieux et d'un coup sec. Ce fut tout le contraire, il mourut trop jeune et son agonie dura trois mois. Déjà quelques jours avant qu'il ne se décide à se laisser hospitaliser, maman tentait de le convaincre de passer par le bistouri. Il refusait. Il avait une peur bleue des opérations.

«Tu vas voir, mon amour, dans quelques jours, tu vas être sur pieds... Quand tu sortiras de l'hôpital, ta mère, maman et moi nous allons te dorloter. Tu vas avoir une belle convalescence. Nous irons passer quelque temps à Pointe-Fortune toute la famille. Tu ne peux pas continuer à souffrir ainsi, Olivier... Mon amour, fais-le pour moi et pour Luc. Quand tu as mal, nous avons mal nous aussi... Nous t'aimons, nous ne voulons pas que tu souffres. Tu vas avoir les meilleurs médecins...»

Après un bref examen, on décide de l'hospitaliser, ajoutant que c'est urgent. On lui administre des calmants pour qu'il puisse dormir. Les médecins décident qu'il est urgent d'opérer un ulcère «sténosant» d'estomac (en se cicatrisant, l'ulcère bloque l'estomac) logé à la naissance de l'intestin. Selon les médecins, une telle intervention demande tout au plus une quinzaine de jours d'hospitalisation.

Le dimanche 29 août, complication. Olivier a subi un choc opératoire, son foie donne de mauvais signes. Il est entouré de tubes, de solutés. Il y en a partout autour de son lit. Il donne des signes de confusion. Il ne semble pas souffrir. On le dirait évadé dans un autre monde.

Le 31 août, ce que les médecins craignaient se produisit. Papa se mit à jaunir. Cette jaunisse était imputable au mauvais état de son foie. On détecte aussi un virus...

Lorsque maman interroge le médecin, celui-ci lui répondra: «Vous savez, ma petite dame, votre mari est un homme très fort, il est robuste, il a une bonne constitution, mais il a consommé beaucoup d'alcool dans sa vie et son foie est pitoyable. On ne peut pas lui en faire un neuf... Soyez certaine que nous allons tout faire pour le sauver.» Les médecins n'arrivent pas à expliquer cette confusion qui persiste chez leur célèbre patient. Maman avait beau interroger les médecins, ils ne trouvaient pas et se disaient dépassés.

Durant sa longue et douloureuse hospitalisation, Olivier sera constamment obsédé par la certitude qu'un cancer le minait impitoyablement et que cette maladie impardonnable allait inexorablement l'emporter comme elle avait emporté son père. Combien de fois implora-t-il les médecins de lui dire la vérité, aussi cruelle fût-elle. On installa dans sa chambre un fauteuil roulant. Olivier le regardait souvent. Il avait dit à Manon: «Est-ce que ça veut dire que je vais paralyser et ne plus pouvoir marcher ?» Tout de suite, Manon avait répliqué: «Mais non, mon amour, c'est pour pouvoir te promener un peu dans les couloirs... Mais qui a parlé de paralysie! Voyons, Olivier, tes jambes vont fonctionner à nouveau quand tu vas retrouver tes forces...»

Lorsque la radio et la télévision annoncèrent l'hospitalisation de papa, tout le Québec se manifesta. Des milliers de lettres se mirent à affluer chaque jour au nom d'Olivier Guimond, à Maisonneuve. L'hebdo

Photo-Journal avait invité ses lecteurs à écrire à papa et le courrier doubla de semaine en semaine. Maman faisait la lecture de ces lettres à papa. Ça le touchait beaucoup. «Je ne pensais jamais que j'étais aimé à ce point... Je suis privilégié, je n'ai rien fait pour mériter cet amour...» Certaines lettres provenaient de gens qui avaient connu l'époque du National, celle du Canadien, il y avait aussi les administrateurs de *César* comme ceux de *Cré Basile*. Son public n'avait pas d'âge, jeunes et vieux. Maman a conservé des centaines de lettres, reçues dans les derniers jours d'hospitalisation de papa. J'ai eu l'occasion d'en lire plusieurs. On y trouve tellement de sincérité, de générosité et d'amour de la part de ce public à l'endroit de papa. Il s'y trouvait aussi plusieurs dessins d'enfants, adressés à Freddie Washington.

Le 2 septembre, nouveau problème; Papa souffre d'urémie, ses reins présentent de sérieux problèmes. On doit le brancher sur un appareil qui fera fonction de rein artificiel. La jaunisse est plus forte que jamais et Olivier devient contagieux. Il est toujours très confus. On doit porter un masque pour entrer dans sa chambre. Imaginez-le allongé dans son lit voyant entrer des gens portant des masques devant la bouche. Lui qui avait tellement besoin du sourire des autres... Toutes ces complications auraient pu lui être fatales, mais papa était solide. Il aura droit à quelques jours de répit. Mais son état continue de se détériorer, on le transporte à l'hôpital Maisonneuve.

On lui a réservé la plus belle chambre, la 507. Olivier a tous les plus grands spécialistes de l'hôpital à son service. Tout le monde se penche sur son cas. On ne comprend pas que les complications post-opéra-toires persistent à se multiplier. Entre le 10 et le 30 septembre, papa perdra plus de 45 livres (20,5 kilos). On ne le nourrit qu'au sérum. On lui donne des anti-biotiques pour enrayer le virus de la septicémie. Son système immunitaire est au plus bas.

Il sera d'abord frappé d'une pleurésie; la pneumonie suivra, et voilà que les instestins semblent vouloir flancher à leur tour. On double les doses d'anti-biotiques. Son poids continue de descendre.

Papa est tellement faible qu'il délire à certains moments. Il combat le sommeil, il a peur de mourir. Ses yeux se ferment malgré lui, à certains moments. Il marmonne toutes sortes de choses tantôt inaudibles, tantôt il parle de maman, de Marc, de Denis Drouin...

Les visites sont interdites, sauf pour les proches du patient. Manon est présente tous les matins, les midis, les après-midi comme en soirée. Son amie Yolande Circé, qui avait travaillé avec papa au théâtre, sera très présente tout au long de sa maladie. Yolande passera des journées entières à l'hôpital. Une personne d'une grande générosité et d'une grande discrétion.

Manon ne quitte le chevet d'Olivier que pour aller à la maison se changer de vêtements. Elle ne dort plus, elle ne mange plus, elle maigrit à vue d'œil. Même si les médecins lui recommandent de demeurer à la maison, de dormir quelques heures, elle refuse. Rien ne la ferait changer d'idée. Elle se sent coupable d'avoir insisté auprès d'Olivier pour qu'il se fasse opérer. Elle a si peur de le perdre...

Maman ne fut pas surprise d'apprendre de la bouche des médecins que le cas Guimond était unique dans les annales médicales. Normalement, il aurait dû être guéri deux semaines après l'opération.

Dans les derniers jours de septembre, les médecins reprennent espoir. Olivier parvient à dormir. Il ne dormait plus depuis des semaines; seules les injections réussissaient à l'assommer. Si Olivier avait fondu physiquement, son moral aussi en avait pris tout un coup. Il regardait ses bras amaigris, ses doigts longs et secs, il n'y avait que très peu de chair entre la peau et les os.

Les médecins lui proposent de tenter d'absorber quelques cuillerées de nourriture très légère. Des costades. Quel encouragement pour Olivier lorsqu'il constate que ça ne veut pas ressortir! Il n'avait pas mangé depuis des semaines. Son estomac refusait de garder quoi que ce soit depuis son hositalisation le 27 août. Et voilà que le Dr Lavallée annonce que le virus de septicémie semble avoir disparu complètement. Tout le monde se remit à espérer. Enfin l'opération est surmontée, les problèmes sont derrière.

Lorsque Olivier voit Manon au pied du lit qui lui offre son plus beau sourire, il tente à son tour, à travers les larmes qui coulent sur ses joues, de sourire à celle qu'il aime... Manon est déchirée, mais elle ne peut pas flancher, elle doit lui sourire et lui faire sentir qu'il y a de l'espoir au bout du tunnel.

Deux jours plus tard, le virus est revenu. Le médecin parle d'une nouvelle intervention. Il refuse de demeurer impuissant devant ce virus qu'il n'arrive pas à enrayer. Olivier est au bord du désespoir. À peine avait-il repris quelques forces et surtout retrouvé l'espoir de guérison, voilà que tout se démolissait en quelques heures.

Le 6 octobre, en après-midi, Olivier est très fiévreux. La température ne cesse d'augmenter. Les médecins sont inquiets, ils craignent une nouvelle complication. On transporte Olivier à la salle d'opération.

À sa sortie, le Dr René Lavallée dira: «Un autre miracle pour Olivier.» Même s'il s'en sort à nouveau, papa voit ses forces morales le quitter. Un psychiatre s'impose. Il y trouvera une aide et la motivation pour croire en sa guérison possible. Car il cessait d'y croire à certains moments. Il se demandait ce qui allait se pointer comme prochain problème.

Durant près de deux semaines, papa semble reprendre des forces. Il est même question que je vienne le visiter. Maman m'en parle à quelques reprises. Elle me prépare même à cette visite, mais une complication survient à chaque fois. Déçu, je pleure, espérant que la prochaine fois sera la bonne.

Pour encourager papa, le psychiatre suggère qu'on permette quelques visites d'amis intimes. Ça ne pourra qu'aider son moral. «Faites-le rire, ça lui fera du bien» suggère le Dr Lavallée qui croira pendant un long moment pouvoir sauver son célèbre patient. Les petits camarades d'Olivier, les bons vieux amis: Drouin, Desmartaux, Berval, Latulippe, Gamache débarquent au 507, de l'hôpital Maisonneuve, à tour de rôle. Chacun apporte la gaieté, de nouvelles blagues et une tonne d'encouragement. La presse artistique donne un bulletin de santé encourageant. Olivier est sur le chemin de la guérison. Il demande même à maman de lui acheter d'un pyjama et une robe de chambre.

OLIVIER GUIMOND, MON PÈRE, MON HÉROS

SON ADIEU À LA PROVINCE

C'est sur les ondes de CKVL, la radio AM de Verdun, où Olivier œuvra à maintes reprises (tout comme son père d'ailleurs), qu'on entendra pour la dernière fois la voix de papa. Une voix faible et triste. Jacques Matti et Hélène Fontayne animaient une émission fort écoutée du Montréal Métropolitain. *Dans l'eau bouillante* parvient à atteindre la chambre d'Olivier grâce à l'intervention d'une infirmière. Cette dernière tiendra le récepteur pour le malade. Au bout du fil, bien que très faible, Olivier veut dire merci à ce public qui lui écrit pour l'encourager dans sa guérison.

Si la conversation fut brève, elle n'en fut pas moins très émouvante. Hélène Fontayne ne se sentait pas capable de dire un mot, elle avait la gorge serrée. C'est surtout Jacques qui fit la conversation à Olivier. «Comment ça va mon cher Olivier?» Papa de répondre: «Ça va beaucoup mieux, je crois que je vais m'en sortir. Il semble que je prends du mieux...», puis on l'entendit sangloter au bout du fil. Monsieur Matti lui dit alors: «Faut pas pleurer, mon cher Olivier. Je suis convaincu que tout va bien aller... ne t'inquiète pas nous t'attendons et nous attendrons tout le temps qu'il faut...» Papa ajouta: «Merci, Hélène et Jacques, je voudrais aussi remercier les gens qui m'ont écrit. Je reçois de belles lettres et ça me touche beaucoup. Mon épouse m'en lit tous les jours.» Matti dira pour terminer: «Olivier, nous allons te laisser te reposer. Avant de nous quitter, aimerais-tu dire un mot au public?» La réponse de papa fut entrecoupée de sanglots: «Oui, je voudrais dire bonjour à la province... merci.»

Cette chère province, elle était si importante pour papa. C'était son public, presque sa famille, depuis plus de 40 ans. Il venait de lui dire Adieu! L'émission se poursuivit avec des appels des auditeurs qui redisaient à leur cher Olivier leur affection, leur encouragement et l'assuraient de leurs prières. Certains témoignages étaient entrecoupés de sanglots. Dans les couloirs de l'hôpital, tout le personnel était branché sur CKVL. Les patients des chambres voisines écoutaient eux aussi l'émission de Matti-Fontayne. Tout le monde pleurait en entendant dire de si belles choses sur papa.

Nous sommes au début novembre. Il y a des semaines qu'Olivier n'a pas marché. Son corps est couvert de plaies de lit. On lui a installé une peau de mouton. Il laisse entendre qu'il souhaiterait se lever. Lorsqu'on tente de l'aider, il y renonce, ses jambes ne veulent pas le tenir. Il verse des larmes en se laissant asseoir dans un fauteuil. Il est très maigre, il pèse à peine plus de 100 livres (45 kilos). Le médecin explique alors à papa qu'il devra commencer par utiliser une marchette pour se déplacer et qu'avec des traitements de réadaptation de ses jambes, il pourra dans quelque temps se tenir sur ses jambes à nouveau. «Attendez que je me mette à sauter avec ça...», dit papa au médecin, en souriant.

ON ESPÈRE UN MIRACLE

Alors qu'il reprend un peu d'énergie, Olivier apprend qu'il faudra peut-être faire une incision à son foie. Deux gros abcès ont été détectés. Le patient est découragé, mais comme il veut vivre, il accepte de passer à nouveau sous le bistouri.

Dans l'état de grande faiblesse où il se trouve, cette opération est très risquée pour Olivier, mais comme il n'y a pas trois portes de sortie... Maman sera là le matin pour escorter son cher amour jusqu'à la salle d'opération. «Tout va bien se passer, mon amour. Quand on t'aura enlevé ces abcès, tout va rentrer dans l'ordre. Il est là le problème... On a enfin mis le doigt au bon endroit...» Olivier a déjà reçu une injection qui le rend insouciant. Il fait quelques blagues avec le médecin en se rendant au bloc opératoire. Lorque l'opération est terminée, Olivier est reconduit en chambre de réveil. Dès qu'il ouvre les yeux, il aperçoit maman. Elle lui sourit et le rassure. On lui fait des transfusions de sang afin de le renforcer.

Nous sommes le 18 novembre. Olivier ne saute pas encore hors de son lit, mais il semble reprendre des couleurs... On lui annonce que les amis du Capitaine Bonhomme attendent patiemment que Freddie Washington revienne de Floride à bicyclette. «Ainsi il n'y a pas de date précise de ton retour... À bicyclette, ça prend plus de temps... te presse pas, ne t'énerve pas, tout le monde t'attend...» dira Gilles Latulippe qui est aussi de cette série présentée par Télé-Métropole.

Le moral d'Olivier est chancelant, certains jours, il pleure des heures entières. Papa aura fait croire au miracle à tous ceux qui l'entouraient. Jamais maman ne laissa un seul instant traverser sa pensée l'idée que son homme allait mourir. Il l'avait convaincue, elle aussi, qu'il s'en sortirait. Un jour, alors qu'il se sentait légèrement mieux, il demanda qu'on l'assoie dans un fauteuil. Devant lui, à la télévision, on présente l'émission *Madame est servie*. Durant les réclames publici-

196

taires, on diffuse un commercial de la série Labatt «Tu l'as ou tu l'as pas». Les larmes se mettent à couler sur ses joues, puis sur son cou amaigri. Olivier réalise une fois de plus son état, comparativement à l'image qu'il vient de voir au petit écran.

Ses jambes sont ankylosées, il craint ne plus pouvoir s'en servir à nouveau. On a tenté, une semaine auparavant, des traitements de physiothérapie, mais Olivier est beaucoup trop faible. Il arrive à manger, mais très peu à la fois. Même se nourrir le fatigue. Tout est devenu un effort pour lui, même parler.

Les visiteurs admis ne restent que quelques instants, le moment de lui dire qu'ils pensent à lui, qu'ils l'aiment et attendent son rétablissement. Denis Drouin est l'un des plus assidus. Un jour, alors qu'il arrive à l'hôpital, prenant la direction de la chambre de papa, il se retrouve face à face avec l'aumônier de l'hôpital qui lui aussi se rend à la chambre 507. Il est accompagné d'un enfant de chœur qui tient un long cierge allumé. En fait, le prêtre avait été prévenu que papa agonisait et il ne faisait que son devoir d'aumônier. Denis voyait ça d'un autre œil. Il se disait: Quand Olivier va réaliser qu'on lui administre l'extrême-onction, il va se voir déjà mort. Denis bloqua donc l'entrée de la chambre au prêtre. «Il n'est pas question que vous entriez ici, monsieur. Vous voulez le faire mourir?... Il faut lui éviter la moindre émotion... En vous voyant il va en avoir toute une... Non, vous n'entrerez pas dans cette chambre-là... C'est moi qui vous le dis... crisse... Vous êtes mieux de revirer sur vos talons...» L'aumônier n'osa pas insister devant le ton de Denis. Il avait compris que sa présence n'était pas souhaitée.

À la maison, je m'inquiétais de voir maman si peu souvent. Heureusement que mes grands-mères étaient là. Le soir, grand-mère Brunelle venait me border. Je faisais ma prière avec elle, demandant au Petit Jésus de guérir mon papa et de me le ramener le plus vite possible. Je m'endormais souvent dans le lit de mes parents, couché à la place de papa.

J'avais, un jour, basculé dans l'escalier. Je m'étais blessé à la tête et ça saignait. Maman vint me chercher avec grand-mère Brunelle et elle nous amena à l'urgence de l'hôpital Maisonneuve. Mon père reposait quelques étages plus haut et je ne pouvais aller le voir. Malgré mes larmes, elle ne pouvait me conduire à la chambre de papa. Il était trop faible, ma présence aurait pu lui causer un choc. Maman proposa plutôt que je lui parle au téléphone. Elle me recommanda de ne pas dire à papa que je m'étais blessé et que j'avais dû venir à l'hôpital.

Il lui arrivait aussi dans son délire de pro-noncer mon nom. Il me disait d'avancer vers lui, com-me si j'avais été présent dans sa chambre. Quand on m'a tout raconté ça, je dois vous avouer que ça m'a mis à l'envers. Je réalisais davantage combien mon père m'aimait et comme il devait souffrir de ne pas me voir.

MOURIR DEUX FOIS

L'état d'Olivier faiblissait de jour en jour. Il dormait de plus en plus. Pour éviter toute douleur, les médecins avaient prescrit des injections de morphine. On les ajoutait dans le soluté. Ses bras étaient couverts de bleus, on ne savait plus où le piquer.

Les hommes en blanc qui veillaient sur papa sans arrêt virent leurs espoirs disparaître dans la soirée du 27 novembre. Papa était quelque peu fiévreux, il frissonnait, il délirait aussi à certains moments. Il sombrait dans le coma, puis, lorsqu'il entendait un bruit ou sentait une présence, il pouvait pour quelques secondes ouvrir les yeux. Ils étaient fixes. Il était entouré d'appareils de toutes sortes, intubé dans le nez, une sonde urinaire. Il bougeait très peu.

Dans la nuit du 27 au 28, son cœur arrêta de battre. On le croyait mort. C'était la consternation dans la chambre, infirmiers et infirmières s'affairaient autour du lit à des massages cardiaques. On lui a aussi branché un appareil cœur-poumon artificiel. Tout cela a pris plusieurs minutes. C'était la panique au cinquième étage.

Maman pleurait, on lui administrait un calmant quand, tout à coup, le cœur de papa se remit à battre, presque entre les mains de ceux qui, après avoir tenté de le ranimer, s'apprêtaient à débrancher les appareils. «Il est vivant, Monsieur Guimond est ressuscité», lança un infirmier en sortant du 507. Maman m'a dit que papa avait même repris conscience quelques instants et qu'il avait tout de suite remercier le personnel médical qui l'avait selon lui sauvé de la mort.

Quelques minutes plus tard il sombrait dans un coma, les yeux ouverts, fixant le plafond. Maman lui épongeait les lèvres toutes les cinq minutes. Son état demeura stationnaire durant la journée du dimanche. Le lundi 29 novembre, à 5 heures du matin, le cœur de papa s'arrêtait de battre pour une seconde fois. La petite aiguille du cœur-poumon artificiel s'était immobilisée... Olivier ne respirait plus. On ne tenta pas de le ranimer. Il ne fallait plus le faire souffrir. Son âme s'était envolée. Il était âgé de 57 ans et 6 mois. C'est quand même très jeune pour partir.

GRÂCE À PAPA, LA BANQUE D'YEUX RENAÎT

Alors que maman se trouvait encore au chevet de papa, le Dr Michel Mathieu, ophtalmologiste et directeur du laboratoire de la Banque d'yeux du Québec, lui demanda si elle acceptait de donner les yeux de papa. Les bureaux de la Banque d'yeux étaient situés à l'hôpital Maisonneuve, ce qui expliquait la présence soudaine du Dr Mathieu. Maman ne prit pas le temps de réfléchir, elle répondit par l'affirmative. Tante Georgette, sa sœur, de son côté n'approuvait pas. Maman lui fit comme réponse: «Il a toujours tout donné de son vivant, sûrement qu'il aurait voulu donner ses yeux après sa mort...»

On retira les globes oculaires d'Olivier pour ensuite les placer dans un récipient stérile en verre déjà arrosé d'une solution alcaline et antibiotique. On plaça aussitôt le récipient dans un thermos pour transporter le tout au laboratoire de la Banque d'yeux. Il faut tout au plus dix minutes pour retirer les deux globes oculaires d'un défunt. L'ablation ne se voyait pas du tout lors de l'exposition au salon funéraire. Ainsi grâce à papa, une personne probablement aveugle allait enfin voir le jour.

Le geste de maman envers la Banque d'yeux a eu pour effet de ressusciter les dons d'organes et en particulier ceux des yeux. Alors qu'auparavant la

Banque d'yeux recevait cinq ou six appels par mois, provenant du public qui demandait des informations sur les moyens de procéder pour léguer ses yeux au moment du décès, après que la nouvelle du don des yeux d'Olivier fut connue, les appels grimpèrent à cinquante et plus par jour. Le don d'Olivier avait fait disparaître l'idée de mutilation qui existait dans la pensée des gens. Les gens retenaient qu'un homme voyait maintenant avec les yeux d'Olivier Guimond. Ils voulaient suivre son exemple. Ils avaient compris que ce beau geste répond à l'attente de nombreux vivants qui espèrent, un jour, voir la lumière.

Le Dr Mathieu offrit même à maman d'être présidente d'honneur de la Banque d'yeux, mais elle refusa. Elle était vraiment bouleversée et déprimée. De plus, sa santé devait passer avant tout.

LA DERNIÈRE FOIS
QUE MON PÈRE M'A DIT «JE T'AIME»

La mort de mon père demeurera toujours un cauchemar pour moi. À sept ans, un grand trou noir venait masquer ma vie, ma belle enfance s'écroulait. J'ai ressenti la mort de papa quelques instants avant qu'on ne me l'annonce. J'étais couché dans la chambre de mes parents, j'avais eu de la difficulté à m'endormir, je me sentais seul, mon père me manquait... Je lui avais parlé quelques jours auparavant au téléphone et je lui avais demandé quand il allait revenir de l'hôpital. Il pleurait au bout du fil... Puis pour quelques secondes ce fut le silence. J'avais moi aussi le cœur gros de mon côté. Il m'a dit qu'il m'aimait beaucoup et qu'il s'ennuyait de moi. Il m'avait dit aussi que je pourrais aller le visiter à l'hôpital... Le jour où je devais m'y rendre, l'hôpital a communiqué à maman que l'état du malade avait empiré et je n'ai jamais pu le voir. Je lui avais parlé pour la dernière fois ce jour-là...

Je pensais à lui en me couchant... Maman avait dû se rendre en toute hâte à l'hôpital Maisonneuve. Elle m'avait semblé très bouleversée en partant. Je me suis réveillé en sursaut au petit matin, j'avais le cœur gros... Je tremblotais... Je me demandais ce que je deviendrais si papa mourait. Il y avait déjà quatre mois que je ne l'avais pas vu... Je regardais tout autour de moi, puis je me suis mis à pleurer et me suis dirigé vers l'escalier pour me rendre au premier plancher. Du haut des marches, j'ai demandé à grand-maman Brunelle: «Papa est-il mort?»

Grand-mère s'avança, me serra dans ses bras. Elle pleurait elle aussi. Elle m'amena m'asseoir près d'elle sur le divan, et elle m'a alors expliqué que papa était parti au ciel... Mais qu'il serait quand même là pour me protéger... Je ne comprenais plus très bien. Il était parti au ciel et il était encore ici. Elle m'a ensuite expliqué que papa avait été très malade, qu'il avait beaucoup souffert et que son cœur ne pouvait endurer le mal plus longtemps, donc Jésus est venu le chercher pour l'amener au ciel. «Mais ton papa va toujours t'aimer et il va te protéger du haut du ciel, comme s'il était ici.»

Mais moi je ne l'acceptais pas. Je pleurais. Jésus venait de descendre dans mon estime. Il n'était plus un bon Dieu. Il m'avait enlevé mon papa, pour l'amener avec lui. Ma première pensée fut que je ne lui avais pas pris le sien, pourquoi alors prenait-il le mien. Je me suis mis à crier et j'ai monté l'escalier pour me rendre dans le bureau de papa. Le premier objet qui me tomba sous la main fut le livre *Horoscope* d'Henri Gazon. Je le lançai à bout de bras et je me mis à engueuler le Petit Jésus. «Tu n'es pas gentil d'être venu chercher mon papa, je ne t'aime plus, tu n'es pas fin et bon comme ils le disent...»

Je me suis installé dans cette pièce pour quelques heures. Je m'y suis endormi en regardant la télévision. À mon réveil, la télé fonctionnait toujours et j'ai alors vu un commercial télé de papa. Il s'agissait de la série Labatt 50, «Tu l'as ou tu l'as pas». Tout se brouillait dans ma tête. Il n'était plus mort, je le voyais à la télévision... Ce furent des heures très difficiles pour mon petit cerveau de sept ans.

Le lendemain, il y avait des hommages à la radio, à la télé, dans les journaux... On ne parlait que de lui. Le téléphone sonnait constamment à la maison. Heureusement que grand-maman Brunelle était là. C'était mon ange gardien. Maman était prise de tous les côtés, brouillée entre tout ce qu'il fallait faire comme préparatif des funérailles et sa peine qui lui crevait le cœur. Elle me regardait les yeux gonflés par les pleurs et les tranquillisants. Pour elle aussi, grand-mère était un ange gardien. Elle nous soutenait tous, comme elle avait soutenu papa de son vivant. Elle l'aimait comme s'il eût été son propre fils. Elle l'a choyé et gâté pendant toutes les années où elle habita notre sous-sol, rue Monsabré.

Lorsque je parle de l'affection de grand-mère Brunelle pour papa, cette affection était aussi très réciproque de sa part. Il aimait la gâter, lui faire des compliments. Il était reconnaissant de tout ce qu'elle faisait pour nous. C'est elle qui cousait les boutons qui manquaient à ses chemises ou autres vêtements.

Au décès de papa, grand-mère nous prit sous son aile et fut présente dans nos vies, à maman et moi, jusqu'à sa mort. Durant les trois jours où papa fut exposé, grand-mère ne me quitta pas un seul instant, elle fut merveilleuse et pleine de tendresse, comme elle savait si bien l'être.

DES FUNÉRAILLES NATIONALES

C'est Robert Singher, un grand ami du défunt, qui coordonna l'organisation des funérailles de papa. Bien sûr, il a fallu se rendre au salon funéraire. C'était la première fois que j'entrais dans un tel endroit. C'était un jour triste d'automne, tout était gris. Lorsque nous sommes arrivés devant le salon, boulevard Crémazie, il y avait une foule immense. Des milliers de gens attendaient pour pénétrer à l'intérieur afin de rendre un dernier hommage à leur cher Olivier. Ils étaient venus par autobus de tous les coins de la province, sa province. Des gens ont même attendu durant plus de six heures avant de pénétrer à l'intérieur pour défiler quelques secondes devant le cercueil de celui qu'on avait nommé «Le Comédien». Les gens ressortaient du salon funéraire en pleurant.

Au moment de notre arrivée, la foule était dense et il faisait très froid. Il n'était pas facile d'avancer la voiture près de l'entrée, les gens se pressaient de tous côtés. On a donc dû dégager la foule, afin que maman et moi puissions monter les marches.

Des gens entraient au salon, alors que d'autres en sortaient. J'étais quelque peu terrifié. Tout le monde me regardait. Les gens pleuraient. Ils arrêtaient maman et lui serraient la main... Elle me tenait de l'autre main... Elle tremblait et moi aussi.

J'avais hâte d'entrer et, en même temps, je ressentais une crainte. Maman m'avait un peu expliqué que je verrais mon papa, mais qu'il ne bougerait pas, parce qu'il était mort, et qu'il était parti au ciel... S'il était au ciel, il ne pouvait être au salon funéraire... Dans ma petite tête de sept ans, ça manquait de précision...

Arrivés à l'intérieur du salon, j'ai vu des murs de fleurs, il y en avait partout et, au fond, un cercueil. C'était la première fois que j'en voyais un de si près. Puis, devant, il y avait les amis de papa: Paul Desmarteaux, Marcel Gamache, Denis Drouin, Paul Berval, Gilles Latulippe et d'autres que je connaissais moins. Ils étaient aussi de sa famille. Ils avaient tenu une grande place dans son cœur; ils étaient devenus finalement les frères qu'il n'avait pas eus.

Au début, je ne voulais pas m'approcher du cercueil, puis, peu à peu, je me suis laissé amadouer. Maman est allée s'agenouiller devant la tombe. Elle pleurait, puis elle embrassait papa. Je me suis alors dit, il est peut-être bien là, comme maman me dit. Elle semble lui parler. Lorsque je fus très près et que je réalisai qu'il était immobile et amaigri, qu'il ne ressemblait plus à la dernière image que j'avais de mon père, je me suis mis à crier: «Ça n'est pas mon papa... Ce n'est pas lui, rendez-moi mon papa... Pourquoi je n'ai plus de papa?» Denis Drouin me prit dans ses bras et m'amena dans une autre pièce. Tous les gens venaient me voir pour me parler, m'encourager, et je me sentais très mal à l'aise.

Je suis ensuite retourné m'agenouiller devant le cercueil et j'ai regardé mon père pendant plusieurs minutes... Des gens défilaient constamment derrière moi Je me cachais pour pleurer... Le lendemain, j'ai refusé d'aller au salon avec maman. J'avais honte de ma crise de la veille et je me sentais gêné d'affronter les gens. J'ai choisi de demeurer à la maison avec grand-mère Brunelle. J'ai aussi le souvenir d'avoir dit à grand-maman Guimond en la voyant en pleurs: «Tu es plus chanceuse que moi, toi, tu l'as connu pendant longtemps, mon papa, moi je l'ai eu seulement pendant sept ans...

ADIEU PETIT PAPA D'AMOUR

J'ai aussi fait la rencontre de Richard, mon demi-frère. Nous avions eu jusque-là peu de contacts, tout juste quelques jours, quelques années plus tôt, alors qu'il nous avait visités à la maison. Je l'avais aimé tout de suite.

J'ignorais, au début, notre lien de parenté. C'est Richard qui me l'a appris. Comme j'étais heureux d'avoir un grand frère. Alors que je perdais mon papa, je retrouvais mon grand frère. Mais le grand frère était venu de France et allait y retourner après les funérailles. Il fut très impressionné de voir défiler des milliers de gens devant le cercueil de son père. Il ne le savait pas aussi populaire. Papa ne s'en était jamais vanté dans ses lettres.

Au moment où on a fermé le cercueil de papa, j'ai alors réalisé qu'une grande coupure venait se produire. C'était donc vrai, il était décédé, parti à jamais. Adieu, petit papa d'amour.

Des hommes venaient cueillir des gerbes de fleurs, on avait rempli quatre salons au complet. Il y en avait tellement qu'il a fallu en donner à plusieurs églises. On a chargé une douzaine de landaus. D'ailleurs, notre salon à la maison était bondé de gerbes. Il y avait un chapeau tout en fleurs qu'on avait placé près du foyer. Je le revois encore... Plus tard arriva une autre pièce montée portant l'inscription: «Le Comédien».

Au moment de sortir du salon funéraire, il y avait tellement de monde qu'il a fallu demander de l'aide pour se frayer un chemin. Richard, mon grand frère, m'a conduit vers une grande limousine noire. Maman est demeurée à l'intérieur. Elle voulait être seule avec papa encore pour quelques minutes, une dernière fois. Elle voulait lui faire ses adieux. Assis dans la voiture avec Richard, je voyais les gens sortir du salon et tout le monde pleurait.

De chaque côté du boulevard Crémazie, on a évalué la foule à 25 000 personnes. Il y en avait 5 000 à l'intérieur de l'église St-Alphonse d'Youville. Richard me tenait une main et maman, l'autre, en entrant à l'église. Mon frère s'est beaucoup occupé de moi durant la cérémonie. Maman pleurait constamment.

Paul Berval, Paul Desmarteaux, Denis Drouin, Gilles Latulippe, Marcel Gamache, Gilles Pellerin, Claude Blanchard, Léo Rivet, Jean Grimaldi et Robert Desroches escortèrent le corbillard jusqu'à l'église comme porteurs d'honneur, tel que l'avait exprimé papa.

Si la foule était dense la présence des artistes fut aussi impressionnante. On n'en avait jamais vu autant. Je cite ici des noms que j'ai relevés dans les reportages qui ont été publiés au lendemain des funérailles: Amulette Garneau, Marcel Giguère, Willie Lamothe, Doris Lussier, Claude Poirier, Monique Vermont, Juliette Pétrie, Manda Parent, Rose Ouellette, Ovila Légaré, Marc Gélinas, Carole Belmont, Roland Chenail, Dominique Michel, Yvon Duhaine, Jean-Louis Roux, Roger Garand, Bertrand Gagnon, Béatrice Picard, Juliette Huot, Jannine Sutto, Pière Sénécal, Jen Roger, Johnny Rougeau, Michel Noël, Paolo Noël, Roger Joubert, Aimé Major, Mariette Duval, Georges Carrère, Clairette Oddera, Wildor, Frenchie Jarraud, Réal Giguère, Désiré Aerts, Roland Bédard, Bobby Hachey, Germaine Giroux, Yoland Guérard, Antoinette Giroux, Yolande Circé, Marthe Nadeau, Marc Gélinas, Serge Bélair, Fernand Gignac, Roland Chenail, Paul Buissonneau, Gisèle Dufour, Paul Guévremont, Jean Morin, Mimi D'Estée, Jean Duceppe, André Bertrand, Maurice Gauvin, Jacques Boulanger, Guy Provost, Huguette Proulx et plusieurs autres.

Une cérémonie grandiose avec diacre et sous-diacre, officiée par l'abbé Marcel Dandurand (un ami intime de mes parents, il avait béni leur mariage), où les éclairs des appareils photos et le ronronnement des caméras de télévision brisent le silence. L'église est remplie à craquer. Les quatre jubés sont occupés, les allées sont bloqués et des gens se bousculent à l'entrée. D'autres, pour mieux voir le cercueil étaient debout sur leur banc. Le peuple était la famille de papa et, en ce matin de décembre, on n'avait pas l'impression de se trouver dans une église remplie d'admirateurs, mais plutôt de «parents du défunt». Tous avaient les larmes aux yeux. Des plombiers, des chômeurs, des chauffeurs de taxi, des étudiants, des enfants, tous étaient venus lui dire MERCI. Olivier n'était pas seulement proche du peuple, il était le peuple.

Marcel Gamache fit la lecture de l'épître. Yoland Guérard offrit un chant. Un message de l'archevêque, Mgr Paul Grégoire, fut lu par l'abbé Victor Simard.

L'ÉMOUVANT HOMMAGE DE DENIS DROUIN

L'émouvante cérémonie s'est clôturée par le témoignage de Denis Drouin. Sa voix chevrotait, il sanglotait. Il perdait à jamais son «p'tit camarade» comme il appelait toujours papa. Denis n'a pas préparé de texte. Il y est allé *ad lib* en laissant parler son cœur. J'ai conservé l'enregistrement de ce beau témoignage de Denis. André Melançon a choisi de l'intégrer dans *Cher Olivier* et je l'en remercie. Le comédien Bernard Fortin qui incarne Denis Drouin, a été d'une grande émotion dans cette scène. Le public répéta ses applaudissements. Le même phénomène se répéta à la sortie de l'église. Les gens applaudissaient alors que le cercueil était porté vers le corbillard.

Au dire de plusieurs personnes que j'ai rencontrées par la suite et qui étaient présentes aux funérailles de mon père, un tel déploiement ne s'était jamais vu auparavant pour un artiste et plusieurs ajoutent que ça ne se reverra plus. Je dois vous avouer que chaque fois qu'on m'en parle, j'ai le cœur gros.

Il a fallu aussi nous rendre au cimetière. Ça non plus je n'en avais pas l'habitude. Le long convoi s'est dirigé vers Côte-des-Neiges. Arrivés au terrain de la famille Guimond, on nous a demandé de descendre.

Puis on a placé le cercueil au-dessus d'un trou. Dans ce cercueil je savais qu'il y avait mon père. Et le cercueil s'est mis à descendre dans la fosse, dans la terre. Je ne comprenais pas pourquoi on mettait mon père dans un trou semblable. C'était très confus dans mon cerveau d'enfant. Je pleurais, Richard me tenait contre lui, maman pleurait dans les bras de grand-mère Brunelle. Grand-mère Guimond pleurait elle aussi, dans les bras de ses nièces... Et le cercueil descendait toujours plus profondément...

Des gens lançaient des poignées de terre sur cette boîte en métal gris bleu, qui contenait mon père. Il y avait des caméras partout. On nous suivait pas à pas. Les photographes voulaient prendre des clichés.

Maman me prit par la main et nous somme retournés vers la limousine. Je ne comprenais pas qu'on laisse mon père ici, que nous repartions sans lui... Pourquoi le placer dans un trou?... En revenant vers la voiture, je me posais toutes sortes de questions. Je n'osais pas les poser à maman; elle pleurait et Richard tentait de la consoler. Je me sentais bien seul. Celui qui pensait constamment à moi venait de me quitter. On l'avait placé dans un trou, il ne bougerait plus, ne me parlerait plus... Il était parti, disparu. Mon papa était parti au ciel.

CHAPITRE 9

LE CALVAIRE D'UNE VEUVE

Après la mort de papa, tout a changé à la maison, on a même déménagé. Une histoire de papiers et de succession fit que nous avons dû quitter Cité-Jardins. Maman s'était liée d'amitié avec la comédienne Denise Émond. Comme cette dernière avait une maison, rue Monsabré, elle nous loua un logement. De tempérament convaincant, elle n'eut pas de difficulté à persuader maman de m'envoyer pensionnaire au Collège Saint-Enfant-Jésus.

Elle me disait que c'était pour mon bien. Je ne sais pas si elle avait raison, mais j'ai détesté le pensionnat. Je sortais les fins de semaine et, lorsqu'il fallait repartir, c'était la crise de larmes. Je ne voulais pas y retourner, mais il le fallait...

C'étaient des scènes atroces pour maman, et pour moi, c'était tout aussi déchirant. Je n'avais plus de père et voilà que je me retrouvais chez les sœurs, des femmes vêtues de grandes robes noires, qui remplaçaient ma mère. Elles étaient, bien sûr, gentilles avec moi, mais je voulais retourner chez moi avec ma mère, ma grand-mère Brunelle. Heureusement pour moi, la période du pensionnat fut de courte durée, quelques mois seulement. Cela me sembla pourtant une éternité.

Comme j'avais perdu mon père, je craignais aussi de perdre ma maman. J'ai pleuré des soirées entières dans le dortoir, lorsque les lumières s'éteignaient. Je pensais que mon papa, lui, ne m'aurait pas laissé dans un collège avec des étrangères.

Maman a sombré dans une grande dépression, et heureusement que grand-mère Brunelle veilla sur elle, sans quoi, elle aurait probablement mis fin à ses jours, tant elle était anéantie. Le médecin la bourrait de calmants. Grand-mère Brunelle a été notre sauveur à maman et moi. Quelle femme merveilleuse elle fut! Une véritable sainte. Elle s'occupait de nous et aussi de son cher époux dont la santé était précaire.

Alors que j'étais en congé à la maison, je fus pris de gros maux de tête. Puis survint une forte fièvre. Maman, constatant que la fièvre augmentait, avisa notre médecin de famille qui nous suggéra de nous rendre à l'hôpital Maisonneuve. J'y ai fait quelques séjours dans les mois qui ont suivi la mort de papa. On détecta des caillots sanguins dans ma tête. Il fallait que ces caillots se dissolvent, sinon je risquais de mourir. C'est du moins ce que maman m'a raconté des années plus tard.

Ce jour-là, on remettait le trophée Olivier Guimond. Maman m'avait promis de m'y amener. Richard était venu de Paris pour cet événement. J'étais heureux de le revoir. Nous sommes allés à Pointe-Fortune, où nous avons vécu de beaux moments en famille. Richard est venu habiter chez nous durant son séjour. Il allait visiter grand-mère Guimond puis venait nous rejoindre. Ces beaux moments en sa présence furent hélas trop courts.

LE TROPHÉE OLIVIER GUIMOND
La remise du prix Olivier Guimond, que *TV-Hebdo* avait lancé pour remplacer les prix Orange, se voulait le couronnement d'un artiste. Le Trophée Olivier Guimond serait remis chaque année à la vedette considérée comme étant la plus sympathique, par un vote du public.

Est-ce dû à l'énervement, ou si c'est la visite de Richard qui me réjouissait, voilà que le caillot a éclaté dans le taxi en route pour la Place-des-Arts où avait lieu la cérémonie. Du sang a jailli par mon nez. Maman était dans tous ses états, elle me voyait saigner. Je craignais de tacher mon costume tout neuf. Lorsque maman constata que l'hémorragie s'arrêtait, elle en fut très soulagée, puis tout rentra dans l'ordre. J'étais très faible et plus que pâle. Maman hésitait à m'amener quand même à la remise du Trophée qui portait le nom de mon père. Elle pensait qu'il vallait peut-être mieux retourner à la maison. Je ne voulais pas. Comme elle me l'avait promis, elle tint parole. Je participai donc à cette cérémonie, aux côtés de mon grand frère.

Le trophée fut remis à Gilles Latulippe en 1972, à Jacques Boulanger l'année suivante, ensuite à Jean Duceppe. En 1975, Lise Payette remporte la palme.

Réal Giguère le décroche en 1976; Dominique Michel, en 1977 et Roger Giguère, en 1978.

Le Trophée Olivier Guimond fut aussi baptisé Trophée Affection. Sa remise annuelle a cessé depuis plusieurs années. Je n'en connais pas les raisons.

LES ANNÉES SOMBRES

La mort de mon père laissa un grand vide dans notre existence. Maman était suivie par un médecin et ce dernier devait la bourrer de médicaments de toutes sortes pour la sortir d'une profonde dépression. Elle qui croyait que son bonheur allait durer toujours, voilà que ce toujours devenait trop court. Elle prenait des cachets pour dormir, pour se calmer, pour digérer, pour mettre fin à ses tremblements. Ces médicaments devenaient presque sa seule nourriture. Elle maigrissait jour après jour. C'était vraiment la déprime à la maison. Des gens téléphonaient pour s'informer de nous et maman était tellement confuse, à certains moments, qu'elle divaguait. Elle pouvait discuter au bout du fil pour cinq minutes et ne plus se souvenir, tout à coup, à qui elle parlait.

Maman fut hospitalisée à maintes reprises dans les mois qui suivirent le décès de papa. Le 5 juillet 1972, elle entrait au Centre Santa Cabrini. Le 12 du même mois, on la transférait à l'hôpital Fleury, ou des neurologues la prirent en mains. C'est grand-maman Brunelle qui veilla sur moi durant cette période. Elle était mon ange gardien. Elle tentait de compenser, dans la mesure du possible, l'absence de maman à la maison. Je souffrais d'insomnie et, lorsque je m'endormais, je

faisais constamment des cauchemars. La mort de papa

revenait souvent en surface. En plus, je ne pouvais voir maman.

Maman téléphonait tous les jours pour me parler. Souvent elle pleurait au bout du fil. Je tentais de la consoler, de la faire rire, mais j'y arrivais difficilement. Je me souviens, un jour, de lui avoir dit: «T'as besoin de ne pas mourir, maman, car je vais mourir avec toi.»

MON PREMIER NOËL SANS PAPA

Les fêtes de Noël et du Premier de l'an étaient grandement célébrées chez nous. Papa adorait monter l'arbre de Noël, installer la crèche et faire des cadeaux à tout le monde. Notre demeure était décorée tant à l'extérieur qu'à l'intérieur. Papa commençais ses décorations dès le début de décembre. Il se déguisait en Père Noël et me comblait de présents de toutes sortes. Nous recevions toute la famille et les amis pour les réveillons du 24 et du 31 décembre. Il n'était pas rare de retrouver entre 50 et 60 personnes à la maison pour célébrer avec nous cette période de réjouissances. Il y avait des cadeaux pour tout le monde, y compris le Père Noël. Papa s'installait au piano et chantait. Il arrivait souvent que le temps des fêtes se termine pour nous, à la mi-janvier.

Noël 1971 fut des plus pénibles. Papa avait été enterré au début de décembre. Nous n'avions donc pas le cœur à la fête. Il n'y eut ni réveillon, ni dépouillement du sapin, ni décoration de la maison. C'était le grand vide. Je crois que c'est à ce moment que j'ai cessé de croire au Père Noël dans mon petit cœur d'enfant. Je lui avais demandé en cadeau de me redonner mon papa. Il ne l'a pas fait. L'année suivante, soit en 1972, maman tenta de redonner au temps des fêtes le cachet auquel papa nous avait habitués. Le sapin reprit sa place au salon et je remplaçai papa pour la distribution des cadeaux. D'ailleurs, j'avais vidé mon compte en banque pour acheter des présents à tout le monde. Maman joua le jeu avec moi. Elle invita toute la famille pour le réveillon. Il y eut des larmes, bien sûr, l'absence de papa était trop évidente. Tout nous le rappelait.

CHAPITRE 10

À MON TOUR,
SOUS LES PROJECTEURS

Dans les premières semaines qui suivirent la mort de mon père, ses amis du métier furent très présents. Ils téléphonaient à maman pour prendre de ses nouvelles, ajoutant tous: Si tu as besoin de quoi que ce soit, n'hésite pas à nous téléphoner.

On me demandait constamment ce que je rêvais de faire plus tard, je répondais, bien naturellement: Un comédien comme mon papa. D'ailleurs, j'avais suivi des cours au réputé Studio Brasseur, sous l'incitation de papa. À cinq ans, je jouais du piano, et je lisais la musique. On m'avait aussi inscrit à des cours chez André Cailloux, mieux connu sous le pseudonyme de «Grand-Père Cailloux». Il était le spécialiste dans l'art de diriger les enfants.

Un jour, l'homme d'affaires Guy Pothier, assisté du journaliste Réal Samson, contacta maman pour lui proposer de me faire enregistrer un 45 tours. On voulait faire une vedette avec moi. Maman hésita un moment, puis elle accepta, sachant que je voulais à tout prix suivre les traces de mon paternel. Tex Lecorre écrivit deux monologues touchants intitulés: *Salut et Au revoir* et *De père en fils*. Rémy Migneault assura la direction musicale. Un chœur d'enfants m'appuyait dans les deux chansons. On me comparait déjà à René Simard, qui était alors le prodige de la chanson québécoise.

Certains journalistes nous accusèrent d'exploiter le nom et la mémoire de papa. Maman en fut très peinée. Les enregistrements eurent lieu au Studio RCA Victor. Tex fut très gentil et patient avec moi. Il passa plus de six heures à me faire répéter les deux monologues que je reproduis ici pour vous.

SALUT ET AU REVOIR
J'ai vu, papa Guimond, à ton dernier rideau
Debout dans les balcons, on hurlait des bravos
Ton public est toujours là, c'est à moi la relève
T'as connu ce métier-là, on en vit on en crève.

Salut et au revoir, mais pas adieu, papa Olivier
Du plus crasseux taudis, du plus petit au plus grand
Du fond du cœur, merci pour tous les bons moments
C'est le tour à ton fiston et j'ai le trac, mon Dieu.
Être le fils à Guimond, à 8 ans, c'est pas vieux

Salut et au revoir, mais pas adieu, papa Olivier

Et cette humble chanson, elle est pour toi, mon vieux.
Moi je porte ton nom pour rendre des gens heureux.
Faire face à la musique avec mon cœur d'enfant
Faire face à ton public, c'est mon tour maintenant

Salut et au revoir, mais pas adieu papa Olivier.

DE PÈRE EN FILS
Trembler de tous ses membres,
Entendre battre son cœur
Perdre la voix et connaître la peur
Tout ça, c'est tellement grand pour moi, si petit.
Pourtant, quelque chose me pousse, je dois foncer.
Drôle d'héritage que tu m'as laissé, papa,
Celui d'être le fils d'un comédien.
J'aurais pu être le fils d'un plombier
Et apprendre mon métier, en me trompant, en recommençant,
Tout est pardonnable pour un enfant, mais pas pour nous,
N'est-ce pas, papa?
C'est tout de suite, à la premiere parole,
Au premier pas sur les planches que l'on nous juge.
Oui, papa, être le fils d'un comédien, c'est grand, c'est beau,
C'est mon métier et je l'ai dans la peau.
Souvent je prie fort, que Dieu me donne la force
et le courage de me relever quand je trébucherai
et de sourire même quand mes yeux seront mouillés.
J'ai choisi, il est trop tard, j'ai fait le premier pas,
et un Guimond ne recule pas.
Les trois coups ont sonné, me voici !

Maman était aussi présente en studio, en compagnie de Yolande Circé. Je voudrais, puisqu'il est question d'elle, vous dire combien Yolande a été bonne et généreuse envers maman et moi. Elle habitait près de chez nous et trouvait toujours l'occasion de se rendre utile. Si elle n'avait pas été aux côtés de maman durant la maladie de papa, comme après son décès, maman n'aurait sûrement pas tenu le coup. Elle était souvent accompagnée de sa fille Brigitte Singher qui était comme ma grande soeur. Elle me comprenait et, surtout, m'encourageait à passer au travers la plus grande épreuve de ma jeune vie. Papa aimait beaucoup le dynamisme de Brigitte et il lui avait même dit que s'il avait eu une fille, il l'aurait souhaité comme elle, à tout point de vue.

Yolande a d'abord travaillé aux côtés de papa durant des années. Elle s'est aussi liée d'amitié avec maman et quand les temps difficiles arrivèrent, elle fut la plus disponible tout en étant la plus effacée. Dès qu'une caméra se pointait, Yolande s'esquivait. Elle n'était pas là pour en tirer le moindre bénéfice. Je l'ai toujours considérée comme une tante très chère à mon coeur.

Il en est de même pour Huguette Bouthillier, la grande amie d'enfance de maman. Elle fut la meilleure «brasseuse» pour maman. C'est elle qui arriva à la convaincre de reprendre goût à la vie. Elle trouvait les mots pour aussi la faire rire, lorsqu'elle sombrait dans le désespoir.

Il y a aussi tante Georgette, qui, comme grand mère Brunelle, ne nous a jamais lâchés. Bien qu'ayant perdu mon père, je fus quand même bien entouré et aimé tout au long de mon enfance et de mon adolescence. Merci à vous, belles dames.

La sortie de mon disque fut suivie d'une tournée promotionnelle. Je participai à plusieurs émissions de télé. Je ne détestais pas, mais j'étais timide. Par contre, sur scène je m'en tirais assez bien. Il m'est arrivé de chanter devant des dames qui pleuraient en m'écoutant. Je ne comprenais pas pourquoi elles pleuraient. J'avais tout juste huit ans et quelques mois. Cette histoire de disque m'avait permis de rencontrer mon idole de l'époque, René Simard. Ce fut très agréable. Il était d'une gentillesse extraordinaire avec moi. Tex avait même écrit une chanson pour moi: *Vroum, Vroum, sur mon p'tit bicycle*. Je devais l'enregistrer, mais c'est finalement l'auteur lui-même qui en fit un succès.

En fait, j'avais envie de faire tout cela, mais je crois que maman en avait plus envie pour moi, que moi-même. Je conserve quand même un bon souvenir de cette expérience qui brisait la monotonie installée depuis la mort de papa. Lorsque les accusations d'exploiter mon père fusèrent, nous nous sommes retirés. Pour moi c'était épouvantable ces accusations. Maintes fois je me suis effacé dans des situations où j'aurais dû prendre ma place, par crainte qu'on pense que je voulais exploiter le nom de Guimond.

La grande faucheuse est venue me ravir un autre être cher, Henri Brunelle, mon grand-père adoré. Il fut emporté le 17 juillet 1973, à la suite d'une infection respiratoire, au Centre Ste-Germaine Cousin, à Pointe-aux-Trembles. Il avait souffert d'une maladie des os. Il faisait de l'arthériosclérose et du glaucome. À nouveau je pleurais un départ qui me touchait profondément..

POINTE-FORTUNE HONORE SON OLIVIER
En juillet 1972, la municipalité de Pointe-Fortune dévoilait une plaque commémorative rappelant combien papa était aimé et apprécié dans cette coquette muni-

cipalité de l'Outaouais. La famille Guimond a eu deux maisons à Pointe-Fortune. Celle du grand-père et celle de papa. Cela représente plus de 40 ans de présence des Guimond sur les lieux. Ils y venaient très souvent.

Papa aida souvent des amis de Pointe-Fortune lorsqu'ils furent dans le besoin. Il organisait aussi des spectacles pour les résidents de ce village si cher à son cœur. Pointe-Fortune comptait environ une soixantaine de familles. Tout le monde se connaissait et papa était le Roi de la place. Il m'y amenait aussi, nous allions à la pêche.

Je crois que les plus belles heures que j'ai passées avec mon père furent à Pointe-Fortune. Il n'était plus le comédien, il n'y avait plus de gens pour lui parler, solliciter une dédicace, le photographier... Bien sûr, j'appréciais que les gens l'aiment, mais j'étais aussi un petit garçon de six ans qui avait besoin de son père. Pas de Basile ou de Freddie, mais seulement Olivier, mon père.

Lorsque nous partions en excursion de pêche, c'était merveilleux. Il n'était qu'à moi tout seul et j'en profitais pleinement. Lorsque, dans les premiers jours de juillet, je vins à Pointe-Fortune pour l'inauguration de la plaque commémorative de papa, toutes ces images de nos voyages de pêche me revenaient en mémoire. Je le revoyais me féliciter d'avoir pris trois poissons alors qu'il n'en avait attrapé que deux. Nos concours de pêche étaient un bonheur pour le petit gars que j'étais.

Pour moi, cet endroit, c'était ma campagne, un lieu de bonheur, de liberté. Tout à coup j'y revenais et c'était triste. La maison était vide sans papa. En plus, tous les gens du village s'étaient cotisés pour offrir ce monument à papa. Ils étaient tous venus, j'étais avec grand-mère Guimond, et on voyait des larmes dans tous les yeux présents. Pour moi Pointe-Fortune était devenue un endroit triste. Nous y sommes retournés avec maman quelquefois, mais le cœur de la maison n'était plus là et son absence pesait très lourdement dans ces lieux. Maman voyait papa partout, elle l'entendait respirer dans la maison. À chaque jour des habitants de Pointe-Fortune venaient déposer des fleurs devant le monument. Pour ces gens qui l'ont aimé, Olivier ne sera jamais oublié. Une rue de la municipalité porte aussi le nom de mon père.

DES COURS AVEC CÉLINE DION

Mes années d'adolescence furent assez paisibles. Maman a refait sa vie avec un homme. Quand il est parti, nous avons traversé une période difficile. Maman a dû s'adresser à l'aide sociale. Quelle humiliation pour elle, de se rendre au B.S. demander de l'aide, quand on s'appelle Madame Olivier Guimond! Ma petite maman s'était fait rouler par un notaire véreux et l'héritage fut très minime.

D'abord, papa gagnait moins depuis la fin de *Smash*. De plus, il fut malade durant quatre mois. L'argent sortait, mais n'entrait pas. Après son décès, maman vivait sur les réserves. Très malade en plus, elle fit de nombreux séjours à l'hôpital. Il fallait payer les médicaments, le loyer, mes cours et tout le reste. Quand le compte en banque fut à sec, maman n'eut pas d'autre choix. Et je me dois d'ajouter cependant que jamais je n'ai été privé de quoi que ce soit.

À l'école, les professeurs étaient gentils avec moi. Certains camarades me croyaient snob, alors qu'en fait j'étais timide. Je demeurais dans mon coin, je ne voulais pas de traitement de faveur. C'est durant ma sixième année scolaire que je me suis mis à lâcher mon fou. Mon idole était Diane Dufresne. Avec la complicité de trois copains, nous avons décidé de monter un numéro, avec costume, perruque et confettis. C'était le spectacle de fin d'année. Tous les autres élèves avaient décidé de réciter des fables de LaFontaine. J'avais choisi la chanson. *J'ai vendu mon âme au rock'n'roll*, de Dufresne. Quand je suis entré sur scène en chantant, déguisé en Diane Dufresne, ce fut le choc dans la salle. Les professeurs ont voulu mettre fin au spectacle. J'avais surpris beaucoup de monde.

J'ai repris ce numéro de la Dufresne à l'émission *Parle, Parle, jase, jase* avec Réal Giguère à Télé-Métropole. Devant des caméras de télé, c'était autre chose que devant les copains. Là, c'était sérieux. Fallait pas gaffer. Je pensais à papa. Je lui demandais de m'aider. Je crois qu'il m'a écouté.

En 1975, je me lance à nouveau dans l'arène artistique, avec des imitations de Raymond Lévesque, René Lévesque, Pierre Elliot Trudeau, Pierre Lalonde et autres. Mon premier spectacle aura lieu le 9 février 1975, au sous-sol de l'église Notre-Dame de l'Assomption, rue Hochelaga est. On m'offrit ensuite un contrat d'animateur de spectacle-variétés à la Place Versailles pour 13 semaines. Je présentais des vedettes de la télévision et du disque. On m'a aussi permis de présenter de nouveaux talents. Dans mes temps libres, je suivais des cours de guitare. Lorsqu'on me demandait: Que feras-tu plus tard ? Je répondais, un comique comme mon père. Je voulais tellement lui ressembler.

À 13 ans, je travaillais durant l'été dans un restaurant, rue Masson. Je travaillais pour l'ami de maman. Il me donnait 68$ pour 40 heures de travail comme plongeur. Depuis mes 13 ans, j'ai toujours travaillé durant les vacances. À 17 ans, mon secondaire terminé, je suis entré sur le marché du travail à plein temps.

C'est aussi à cet âge que je suis allé m'inscrire à l'Académie lyrique et dramatique de Montréal, dirigée par le grand maître Yoland Guérard. C'est là que j'ai rencontré Céline Dion. Elle suivait aussi des cours chez Yoland Guérard. Je me rappelle, elle chantait: *Comme un garçon j'ai les cheveux longs*, chanson popularisée par Chantal Renaud au début des années 70. Céline était timide, mais combien gentille. Je me souviens aussi de sa première apparition à la télévision, chez Michel Jasmin. Nous étions tous à l'Académie pour regarder Céline à la télévision. Le groupe formait une petite famille. Lors du spectacle de fin de session, Céline avait impressionné tout le monde. J'entends encore des gens de ma famille dire: Elle va aller loin cette petite Dion. Ils ont vu juste. Déjà à ses débuts, Céline était de quelques crans au-dessus des autres artistes en herbe.

C'est aussi à l'Académie que j'ai connu Hélène Dallaire, Violette Chauveau et Yves Senécal avec qui j'avais choisi de faire équipe. Nous avions monté notre numéro pour le spectacle de fin d'année. Yves fut délirant et, étant à ses côtés, je me sentais rassuré. Avec ce dernier, j'ai monté un tandem. Yves a le sens du comique dans les tripes. C'est un gars qui est aussi drôle dans la vie que sur scène. Nous avons présenté des dizaines de spectacles dans des résidences pour personnes âgées ainsi que dans quelques cabarets

La gentille Clairette Oddera nous avait alors pris sous son aile. Cela nous permettait de jouer devant un public. Les gens aimaient ce que nous leur offrions et c'était le but visé. Mes plus beaux moments sur scène, je les ai passés aux côtés d'Yves et dans cette tournée avec la Mère Supérieure Oddera. Elle nous conseillait: «Écoutez, mes petits enfants chéris, il ne faut pas avoir peur, foncez, donnez votre cœur au maximum, ça va passer, ils vont vous aimer... Ils vont sentir que vous êtes sincères...» Clairette trouvait les mots pour nous stimuler. Yves et moi écrivions nos textes. Nous avons aussi joué *Jos Cyppius*. Yves dans le rôle de Desmarteaux et moi dans celui de papa. Ces moments sont restés de beaux souvenirs dans mon cœur. Je me rappelle aussi être allé un jour présenter un spectacle en prison. Quelle expérience enrichissante!

MON AMOUR MANON

À 18 ans, je suis embauché dans une brasserie de Ville D'Anjou. Quelques mois plus tard, on m'engage à la disco Le Party de Laval, comme homme de confiance. Le patron m'aimait bien. Il disait qu'il aurait aimé avoir un fils comme moi. C'était aussi ma période rebelle et contestataire, mais j'étais toujours gentil. J'avais les cheveux longs, avec coupe flyée, et je les colorais dans toutes les teintes. Le patron ne cessait de me dire de me couper les cheveux, il n'en pouvait plus de me voir attriqué ainsi. Je refusais de les couper. Ma réponse fut:

«Si vous aimez le gars en dedans, il faut accepter le dehors tel qu'il est.» En fait, je cherchais mon identité. Je voulais provoquer. Par contre, j'ai toujours aimé les déguisements, les habits de clown. Lorsque je magasine, je suis porté à chercher des vêtements hors de l'ordinaire.

J'ai vécu quelques histoires sentimentales durant mon adolescence. Le véritable amour, je l'ai trouvé alors que je travaillais au Party. Elle a pour nom, Manon Goulet. Tout de suite, je me suis senti bien avec elle. Je n'avais plus envie de travailler, je me cachais pour la retrouver. À l'époque, j'habitais avec une autre fille. Très vite la situation fut réglée. En août 1985, Manon est venue habiter avec moi. Nous sommes toujours amoureux douze ans plus tard.

TRENTE-TROIS ANS APRÈS LA MORT DE TI-ZOUNE SR NAÎT OLIVIER GUIMOND IV

Nous avons deux magnifiques enfants, Olivier, né le 9 octobre 1987 (la même date que celle du décès de Ti-Zoune Sr, 33 ans plus tard). Il devient le quatrième Olivier Guimond, après mon grand-père, mon père et le fils de Richard, Olivier III.

À la naissance d'Olivier, nous sommes arrivés à l'hôpital Santa Cabrini, alors que Manon avait des contractions aux cinq minutes. Elle ne se plaignait pas. J'ai dû insister pour la convaincre; elle croyait qu'il ne s'agissait que de crampes. Le bébé n'était attendu que cinq semaines plus tard.

J'ai assisté à la naissance d'Olivier. On m'avait fait porter un masque et les vêtements d'usage. Je me retrouvais bientôt à la salle d'accouchement, devant l'inconnu total.

L'émotion m'envahissait et de voir souffrir la femme que j'aime sans pouvoir la soulager me faisait sentir d'une grande impuissance.

Puis, lorsque l'enfant a présenté le bout de sa tête, j'ai dit à Manon: «Notre bébé d'amour s'en vient, je le vois, pousse, mon amour, je vois ses cheveux.» Au même moment je réalisais comme c'était beau et grandiose de donner la vie. Les larmes ont rempli mes yeux lorsque j'ai entendu le premier cri de mon fils.

Par la suite, le bébé fut lavé et placé sur le sein de Manon. Elle me dit alors: «C'est la plus belle sensation que l'on puisse connaître, que de sentir la chaleur de son bébé sur sa peau.»

J'étais à ses côtés, je l'embrassais, je lui disais combien elle était belle et importante pour moi. Il n'y avait pas de mots assez grands pour la remercier de ce beau cadeau qui était le fruit de notre amour, Olivier.

J'avais toujours dit que si j'avais un fils, il se prénommerait Olivier, comme papa. Je retrouve d'ailleurs chez mon fils beaucoup des airs de mon père. Je n'oublierai jamais qu'un jour Roger Sylvain nous avait invités à un «Coup de Chapeau» à Marcel Gamache, qu'il coanimait avec la chanteuse Claude Valade, à CKLM, Laval. Gilles Latulippe était parmi les invités à cet hommage fort mérité. En voyant Olivier qui n'avait que quelques mois, Gilles s'était écrié: «C'est le bonhomme tout craché. Il a du Guimond, comme ça s'peut pas.» Marcel Gamache et tous les comédiens qui se trouvaient là abondèrent dans le même sens. Allant même jusqu'à dire que bébé Olivier était mon père réincarné.

Olivier a grandi, il a maintenant 9 ans. C'est un passionné du hockey et il raffole de Patrick Roy. Il rêve même d'être un jour de la LNH. Il patine depuis l'âge de 5 ans. L'été il s'adonne au baseball.

Il y a aussi un côté artiste chez lui. Dès l'âge de 4 ans, il se faisait ses petits spectacles, à la maison. Il aimait Jean Leloup. Aussi il se déguisait dans des vêtements approchant ceux du chanteur. Je lui avais même acheté un chapeau comme celui de Leloup. Récemment il a manifesté le désir d'avoir une guitare. Au point d'ajouter qu'il échangerait son Nintendo contre une guitare.

Comme papa, Olivier est très timide. Il parle peu. Il observe beaucoup. Il est toujours amusant, dans une salle d'attente, de voir la tête des gens lorsqu'au micro on demande: «Olivier Guimond, s'il vous plaît».

Nous avons un deuxième fils, qui lui aussi a beaucoup de Guimond.

Alexandre, le bébé, est né le 15 avril 1992, à 5 h 51 am. Il pesait 5 livres et 5 onces et mesurait 20 pouces. L'accouchement fut plus rapide que pour Olivier. En une heure tout était terminé. Le médecin n'était pas arrivé et le bébé sortait. Je paniquais. On disait à Manon de se retenir jusqu'à l'arrivée du médecin. Finalement il se pointa. Le bébé aussi.

Deux jours avant l'accouchement nous étions présents au spectacle de Claude Dubois, au Théâtre des Variétés et Alexandre piochait dans le ventre de sa mère au son de la musique. C'est naturellement Manon qui me le disait.

J'ai aussi revécu les belles joies de voir naître un autre bébé. Il n'était prématuré que de deux semaines. Olivier fut très heureux de l'arrivée d'un petit frère. Il fut d'ailleurs celui qui choisit son prénom dès qu'il le vit. Il n'était pas question d'un autre prénom pour son frère. Nous avions pensé à Renaud, mais Alexandre l'emporta.

Contrairement à son frère, Alexandre n'est pas un sportif, il est surtout artiste dans l'âme. Il semble posséder une bonne oreille musicale. Il aime chanter et chante juste. Il a un tempérament déterminé. Il est très autonome et aime se rendre utile.

Il est très photogénique et s'allume dès qu'il voit une caméra. Il s'invente des scénarios et possède son petit monde à lui.

Mes deux fils ont fait leurs débuts au cinéma dans le film d'André Forcier, *La Comtesse de Bâton Rouge*. Ils incarnaient des enfants pauvres.

Depuis le jour du tournage, ils ne cessent tous deux de me demander: «Quand est-ce qu'on tourne un prochain film, papa?». Je les ai aussi amenés sur le plateau de *Cher Olivier*. Ils ont passé des journées entières à observer, à écouter. Ils étaient fascinés.

Ma famille, c'est sacré. Mes deux enfants sont ma raison de vivre.

Manon est une excellente mère de famille. Elle est aussi une femme merveilleuse. Elle m'a beaucoup aidé à devenir celui que je suis et fier d'être. J'ai ma petite entreprise et je gagne bien notre pain quotidien. Nous avons un joli petit chez-nous, à Boucherville. On y trouve beaucoup d'amour et de chaleur. Ce que je possède est à moi et je l'ai gagné. Mon plus beau cadeau, c'est le nom de Guimond.

LA MORT DE MAMAN

Ceux qui ont vécu la mort de leurs parents et grands-parents comprendront plus facilement ce chapitre. Le 7 juillet 1991, grand-mère Brunelle nous quittait à son tour.

Elle est décédée d'une péritonite, à l'hôpital Pierre Boucher. Son organisme était rempli de kystes. Impossible de l'opérer. J'appelais toujours grand-maman «ma poupoune». Son nom était Marie-Jeanne Bélanger. Elle avait choisi elle-même d'aller vivre en résidence, à Boucherville.

C'est Olivier, mon fils, qui fut le dernier à lui parler. Elle allait quitter pour l'hôpital quand le téléphone a sonné. Elle lui a parlé quelques secondes. «Grand-maman t'aime beaucoup, mon chéri. J'ai hâte de te voir, je te donne une grosse bise.» J'ai eu beaucoup de difficulté à accepter son décès. Elle m'avait tellement choyé et aimé. Elle fut aussi présente dans ma vie que maman. À chaque fois que maman était malade, c'est grand-mère qui prenait la relève. Elle mit la main à la roue très souvent.

La santé de maman a toujours été chancelante. Sa constitution l'a contrainte à de multiples hospitalisations et interventions. Elle a aussi fait un trop grand usage de médicaments, mais ils lui étaient naturellement prescrits par son médecin. N'étant pas médecin, il m'est difficile d'affirmer qu'elle n'en avait pas besoin. Je trouvais cependant les résultats désolants. Ce n'était plus ma mère qui était là. Elle divaguait, parlait la bouche pâteuse. Chaque fois que je ressortais de chez elle, j'étais bouleversé durant deux ou trois jours. À un tel point que, durant une certaine période, j'évitais de la visiter. Je lui parlais au téléphone, mais les visites étaient distantes. Il m'était trop difficile de voir ma mère dans cet état. Comme elle était vulnérable et facilement influençable, elle mélangeait souvent médicaments et boisson.

En mai 94, maman fut prise de douleurs à l'abdomen. Elle devait venir nous visiter à la maison. Elle se décommanda, disant qu'elle n'allait pas bien. Elle était très gonflée et n'arrivait plus à dormir. Elle avait une peur épouvantable du cancer. Comme les douleurs et les gonflements persistaient, elle se décida à demander des examens. Elle se rendit à l'hôpital Santa Cabrini, et on l'hospitalisa sur-le-champ. Les médecins ne tardèrent pas à diagnostiquer un cancer généralisé. Lorsqu'on m'annonça la nouvelle, on me prévint qu'une opération pouvait peut-être la prolonger de six mois. Sinon, il lui restait un mois. Je n'ai pas voulu qu'elle sache ce dont elle souffrait. Je la savais craintive. Selon moi, il était préférable qu'elle garde espoir.

Nous avons beaucoup parlé tous deux durant son séjour à l'hôpital. Je lui disais combien je l'aimais et combien j'avais souffert de la voir sombrer dans l'alcool et les médicaments. «Quand je vais sortir d'ici, je vais déménager près de chez toi... je vais vivre seule et profiter de mes petits-enfants... On va reprendre le temps perdu...» Maman me serrait dans ses bras, je l'embrasssais sur le front, sur les joues... en lui disant: Je t'aime. Elle me glissa à un certain moment: «Je ne pensais pas que tu m'aimais autant.» Ces moments me faisaient mal, mais m'apportaient aussi un grand réconfort.

Lorsque je sus que maman allait mourir, j'ai téléphoné à Roger Sylvain. Depuis des années, il était devenu un ami de la famille. Aussitôt que je lui eus annoncé la nouvelle, Roger se rendit au chevet de maman. Elle se sentait à l'aise avec lui. Il passa plusieurs heures avec elle. Elle voulait fumer et c'était interdit dans l'hôpital. Elle était tellement faible, qu'elle ne pouvait se lever. «Si seulement je pouvais fumer quelques bouffées de cigarette, il me semble que ça me ferait du bien.» Je tentais de la dissuader. Voilà que Roger se pointe. «Toi, tu vas m'aider, prends-moi dans tes bras et amène-moi dans la chambre de bains... On va en fumer une ensemble...» Roger ne fit rien pour la contrarier. À sa sortie de la salle de bains, maman souriait. Elle l'avait eue sa bouffée.

Roger, voyant que l'état de maman déclinait de jour en jour, me demanda: «Luc, sais-tu si les papiers de ta mère sont en règle... Elle n'en a pas pour très longtemps...» Je réalisais tout à coup que maman allait à son tour me quitter, comme papa. Ne me sentant pas capable de poser de telles questions à maman, sur son lit d'hôpital, je répondis à Roger: «Elle ne m'en a jamais parlé.»

Le lendemain, Roger arriva le premier à l'hôpital avec une copie de testament en mains. «Manon, tu sais que ta santé est très fragile, il se peut que tu subisses une opération... Ma question va te sembler plate, mais dans de tels moments, ça s'impose. Ton testament est-il en règle? Si jamais il t'arrivait... Luc aurait à vivre ce que toi tu as connu à la mort d'Olivier...» Maman lui répondit: «J'suis pas folle, tu sais. Je me vois... je sais que c'est du cancer... je ne veux pas le dire à Luc... J'ai tellement peur de mourir... J'voudrais vivre encore quelques années. Je pense que j'ai un testament, mais ça date de longtemps et je ne sais plus où il est... Si tu as une idée en tête, dis-le-moi...» Roger lui présenta la formule testamentaire. «Remplis la formule et je vais la signer... Tout au nom de Luc... Pauvre petit Luc... Prends-en soin quand je serai partie... C'est un bon gars, mon fils...» Puis elle se mit à pleurer.

Elle avait des tubes dans le nez, un soluté au bras et une sonde, la dernière fois que je l'ai vue. Elle était amaigri, son teint était grisâtre, ses yeux creusés. Des images que je ne pourrai jamais effacer de ma mémoire. Lorsqu'on me téléphona, le 7 juin vers 11 heures du matin pour me dire que les derniers instants approchaient, j'ai tout de suite téléphoné à Roger. En quelques minutes, il arrivait au chevet de maman. Je ne pouvais pas la voir mourir. Ça me faisait trop mal. Je n'ai pas voulu la voir morte non plus. Roger lui a coupé des mèches de cheveux pour les donner aux enfants en souvenir de leur grand-mère. Il est demeuré seul avec maman quelques minutes, après qu'elle eut rendu le dernier souffle. J'étais dans une autre pièce à pleurer, incapable de venir embrasser ma mère sur son lit de mort.

Maman voulait être incinérée, elle l'avait déjà manifesté. Je partageais son avis car, pour moi, le feu allait détruire son cancer à jamais. À nouveau j'ai apprécié la présence de Roger lorsque vint le temps de signer les papiers pour retirer le corps de l'hôpital, tout comme pour l'arrangement des funérailles. Il prit la situation en mains et la mena à point.

Ce fut une cérémonie très émouvante, remplie d'amour et d'espoir. L'officiant était l'abbé Jacques Guilbeault, un ami de Roger. Il parla de maman comme s'il l'eût bien connue. Il donna aussi une touche d'humour à son message. Roger interpréta un chant tout comme la chanteuse France Darc.

À la suggestion de Roger, j'ai conservé une partie des cendres de maman. On les a déposés dans un mini-vase en forme de colombe. Si je fus quelque peu hésitant au début, je suis heureux aujourd'hui d'avoir ce souvenir de ma mère.

Nous avons l'impression que maman est avec nous à la maison. Il arrive souvent qu'Olivier ou Alexandre prennent la colombe dans leurs mains pour ensuite la presser sur leur cœur. Ils savent que leur grand-mère est partie rejoindre grand-père et qu'ensemble ils nous envoient des bouffées d'amour.

La mort de ma mère a fait de moi un orphelin de parents. Je ne saurais vous dire quelle mort m'a le plus affecté. Je crois qu'on ne se remet jamais totalement de la perte d'un parent. Il y a 25 ans que papa est parti et j'y pense presque tous les jours, tout comme pour maman. Il n'y a rien de plus douloureux que la mort de ceux qui nous sont chers.

En terminant ce chapitre, je tiens à souligner combien la présence de Roger Sylvain me fut précieuse lors du départ de maman. Aucun de mes amis ou membre de la famille ne fut aussi près de moi dans ces moments douloureux. J'ai perçu la présence de Roger comme un cadeau. Grâce à lui, la mort de maman, qui à l'origine me révoltait, a pris une tout autre dimension. Il a su trouver les mots et les gestes de circonstance pour m'aider à passer à travers cette mort déchirante.

GRAND-MÈRE GUIMOND
MEURT À 99 ANS

Je ne suis pas supertitieux et pourtant le chiffre 7 me fait toujours un peu peur. Je suis né un 7 avril, dans une chambre portant le numéro 707. Richard (mon demi-frère) est né le 7 décembre, j'avais 7 ans lorsque papa est décédé dans la chambre 507.

Maman est morte le 7 juin, ses cendres furent enterrées le 17 juillet, grand-père Brunelle mourut un 17 juillet, alors que grand-mère Brunelle, partait à son tour un 7 juillet. Avouez que c'est quand même spécial comme hasard.

Un autre décès est survenu le 15 octobre 1996, celui de ma grand-mère Guimond, Effie MacDonald. Elle était âgée de 99 ans. Elle est morte au lendemain du décès de Jean Grimaldi qui, lui, accusait 98 ans. Ils étaient très amis tous deux et se téléphonaient souvent. Je crois qu'il dut y avoir de belles retrouvailles au paradis des artistes lorsque Monsieur Grimaldi et grand-mère sont arrivés là-haut.

À la mort de papa, un certain éloignement s'était créé entre maman et grand-mère. J'étais dans une situation difficile, maman qui était malade d'un côté, et grand-mère de l'autre. Du temps où elle habita au-dessus de nous, je conserve de beaux souvenirs de grand-mère Guimond.

Le matin, j'allais la retrouver et elle me préparait mon pamplemousse quotidien. Souvent aussi il m'arrivait de dormir chez elle. Nous nous sommes perdus de vue durant les années qui ont suivi la disparition de mon père.

En 1985, lors du lancement du livre *Olivier* signé par Gilles Latulippe, mon ami Roger Sylvain trouva le moyen de nous rapprocher.

Ce sont ses nièces, Marie et Marguerite Warren qui la prirent en charge après le décès de papa. Elle résida durant 14 ans à la Maison Robert Cliche. Marie et Marguerite la visitaient à chaque dimanche. Elles lui téléphonaient tous les jours. Ces deux cousines de papa furent d'une grande bonté pour leur tante Effie.

Grand-mère mourut durant son sommeil vers 17 heures le 15 octobre 1996. Sa dépouille fut exposée. On ne lui aurait jamais donné son âge. Elle était demeurée très belle malgré les années. Ses funérailles eurent lieu en l'église St.Brandons. Elle fut inhumée dans le terrain familial au cimetière Notre-Dame des Neiges, où sont aussi enterrés le grand-père Guimond, papa, et les cendres de maman. Ils sont tous réunis désormais pour l'éternité.

CHAPITRE 11

OLIVIER EN ENTREVUE

Dans les pages qui vont suivre on aimera relire ce que quelques journalistes et certaines personnalités du monde du spectacle ont écrit dans les journaux du temps pour exprimer leur admiration à l'endroit d'Olivier.

OLIVER GUIMOND:
«JE SOUFFRE DE N'AVOIR JAMAIS PU JOUER UN RÔLE SÉRIEUX»

Entre Olivier Guimond et Basile Lebrun, il y a tout un monde: un monde tellement énorme, tellement évident qu'on se demande vraiment comment il se fait que, jusqu'ici, tant de gens aient été portés à identifier Olivier à son personnage...

«Ma femme et mon fils sont mon soutien, ma raison de vivre.»

J'avoue que, dès mon premier contact avec M. Guimond, je n'ai pu m'empêcher de lui faire remarquer que «décidément, il n'était pas si laid que ça...» Et ce qui m'a étonnée encore plus, c'est qu'il ne s'est pas esclaffé, comme l'aurait fait Basile; qu'il a tout bonnement rétorqué que je n'étais pas la première à lui souligner le fait...

Non ! Olivier Guimond n'est pas un clown ni un bouffon, mais, tout au contraire, un homme calme, posé, réfléchi, qui ne se réclame que d'une seule ressemblance avec son personnage: son grand cœur! On le soupçonne même d'être devenu en quelque sorte la victime de Basile Lebrun puisque, d'instinct, il reconnaît: «Je souffre d'avoir été limité au côté comique; de n'avoir jamais pu jouer un rôle sérieux !»

Olivier Guimond aime son travail de comédien, bien sûr, car il a bel et bien conscience de rendre les gens heureux en faisant rire. Mais son plus grand désir, son plus grand rêve n'en est pas moins de se retirer aux alentours de 60 ans pour profiter vraiment de la vie avec sa femme Manon et son amour de petit garçon, Luc, qui a déjà 4 ans et demi. «Ma femme et mon fils sont ce que j'ai de plus précieux au monde, reconnaît-il. Ils sont mon soutien, ma raison de vivre...»

«Je n'ai jamais voulu cacher mon mariage...»

Qui ne se souvient pas de la surprise générale et de l'émoi qu'avait provoqué, il y a déjà assez lontemps, l'annonce qu'Olivier Guimond était remarié et même papa... Pourtant, Olivier se défend bien d'avoir voulu tenir ce mariage secret, d'avoir voulu en faire en quelque sorte un secret d'État.

«Je ne suis pas un bonhomme qui aime étaler sa vie publique au grand jour. Quand on m'interroge, je réponds, car je ne suis pas insociable, mais si ce n'est pas le cas, je continue ma petite vie bien tranquille, sans clamer ici et là ce que je fais; ce qui m'arrive...»

«Ainsi, poursuit-il, personne ne m'a interrogé à cette époque sur ma vie privée; alors, je n'ai pas cru bon de le faire savoir, sauf, bien entendu, à mes amis... Enfin, quand un journaliste m'a posé des questions précises, j'ai révélé tout bonnement ma nouvelle vie; mon nouvel amour; mon nouveau bonheur!»

— Je suis peut-être indiscrète, Olivier, mais dites-moi: le retour actuel de votre ancienne épouse à Montréal vous chavire-t-il un peu ?

— Je préfère que nous ne parlions pas de cela. C'est le passé. De toutes façons, je n'ai appris son retour qu'hier. Alors...

— Vous connaissez donc le vrai bonheur maintenant?

— Je me considère bel et bien comme un homme heureux, car le bonheur pour moi, actuellement, c'est ma maison, ma famille, mon travail.

— Parlez-moi un peu de votre femme, de votre fils...

— Ma femme, c'est tout bonnement la femme que j'aime; celle qui me rend l'amour que j'ai pour elle; celle qui m'a donné un fils que j'adore. Pourquoi vous la décrire puisque je l'accepte, je l'aime telle qu'elle est ? Quant à mon Luc, âgé de 4 ans et demi, il me ressemble physiquement, mais il a la tête terriblement dure: tout un caractère, le jeune Monsieur !

«Je me considère trop âgé pour élever d'autres enfants.»

— Olivier, vous semblez aimer beaucoup votre Luc; vous vous y intéressez beaucoup...

— Je ne l'aime pas, je l'adore et, ma foi, il me le rend bien, car nous sommes les meilleurs copains du monde! Il lui arrive parfois (pas très souvent toutefois) de me voir à la télévision et ça le fait bien rire. Je crois qu'il ne réalise pas du tout que je suis un artiste et j'en suis ravi. Tout cela ne veut pas dire, bien sûr, que j'oublie pour autant mon fils de 17 ans, Richard, né de mon premier mariage. Il est déjà un adulte, mais je suis sa carrière de loin.

— Êtes-vous un papa sévère ?

— Oh! si... quand il le faut, car j'estime qu'un enfant, ça se forme très jeune. D'ailleurs, j'ai moi-même été placé assez longtemps au collège et j'estime que la discipline qui y était imposée m'a réussi.

— Vous vous proposez donc d'envoyer votre fils dans un collège; pensionnaire même?

— Sans doute pas aussi longtemps que j'y suis allé mais, chose certaine, il ira quelques années, car je veux en faire un homme complet, parfaitement discipliné. D'ailleurs, là-dessus, ma femme partage mon avis.

— Au fait, vous aimeriez avoir d'autres enfants?

— J'aimerais sûrement cela; ma femme aussi, d'ailleurs, mais j'estime qu'à mon âge il est un peu trop tard pour élever une famille nombreuse. Je me considère trop âgé; trop avancé dans la vie...

«Fernandel et Bourvil sont de grands comiques, mais ils ont prouvé qu'ils étaient aussi d'excellents tragédiens !»

Olivier Guimond, on s'en rend compte chaque semaine, a le type parfait du grand comique: sa figure est à tel point mobile qu'il en fait à peu près ce qu'il veut; ses mimiques à elles seules peuvent faire pouffer de rire un auditoire entier. Pourtant, on se demande s'il ne lui arrive pas d'en avoir assez de faire le rigolo, le pitre, s'il n'envie pas ceux-là qui peuvent émouvoir, faire pleurer...

— Olivier Guimond, vous aimeriez jouer autre chose que du comique? Vous sentez-vous parfois exténué de devoir sans cesse provoquer le rire?

— «J'aime faire rire; c'est en moi ! Tout petit déjà, mon plus grand plaisir était de provoquer le rire chez mes camarades. Toutefois, je l'avoue, j'ai toujours rêvé de jouer un rôle sérieux !

— Vous vous en sentiriez vraiment capable?

— Vraiment ! Voyez Fernandel ou Bourvil, par exemple: ils ont joué à l'occasion des rôles tragiques et y ont bougrement réussi...»

— Peut-on dire que vous êtes déçu de devoir vous limiter au comique?

— Pas précisément, car c'est bien là mon métier, mon rôle... Je crois, d'ailleurs, que j'ai ça dans le sang puisque mon père lui-même était un comique. (Qui ne se souvient pas du fameux Ti-Zoune, en effet ?) Chose certaine, je ne suis pas sans regretter de n'avoir jamais goûté à la tragédie, mais qui sait, ça viendra peut-être un jour...

— Dites-moi, vous seriez heureux que votre fils suive la trace dans la famille?

— Le fait que mon père et moi ayons eu des dons pour la comédie ne veut rien dire. D'ailleurs, mon fils sera libre de faire ce qu'il voudra. Ce sera à lui de choisir: pas à moi, ni à sa mère. Si la comédie l'intéresse, il sera comédien et je n'aurai rien à dire...

On peut aimer plusieurs fois dans la vie, mais... de façons différentes...

— Pour terminer en beauté, dites-moi, Olivier: ne trouvez-vous pas cela merveilleux d'avoir découvert, à un âge où déjà bien d'autres y ont renoncé, un amour merveilleux comme le vôtre ?

— Bien sûr que c'est merveilleux et je me considère comme un veinard.

— Vous estimez donc qu'il est possible d'aimer plusieurs fois dans la vie ?

— Oui, on peut aimer plusieurs fois, mais de façons différentes ! Il y a toujours une fois entre les autres, toutefois... et c'est celle-là qui est importante.

— Vous croyez au coup de foudre ?

— Le coup de foudre, ça existe. Évidemment, parfois ça peut durer, mais, bien souvent, ça finit très très vite. C'est comme un feu de paille.

— Au fait, êtes-vous un optimiste, comme Basile?

— Je suis optimiste comme la plupart des Gémeaux. Je laisse venir en quelque sorte les événements; je vis le moment qui passe sans penser trop à l'avenir. Évidemment, je m'arrange pour assurer la sécuriré à ma famille, mais je ne m'inquiète pas du lendemain car, entre vous et moi: qu'est-ce que ça me donnerait?

— Quel est précisément le genre de vie qui vous plaît, qui vous rend vraiment satisfait?

— Vous savez, je suis le genre de bonhomme bien tranquille qui sort peu, qui aime se retrouver chez lui le soir dans une atmosphère qu'il aime, avec sa femme, son fils... Ainsi, je suis bien; je suis heureux et, vraiment, je ne demande pas grand-chose de plus...

Là-dessus, Olivier Guimond me quitte pour rejoindre les studios, pour redevenir Basile Lebrun, celui qui fait rire toute la province. Un court moment, il a levé le masque, mais maintenant... il faut le remettre, puisque ce sont là les exigences du métier...

Colette Bédard
Nouvelles Illustrées, novembre 1968,

OLIVIER GUIMOND, EN FRAIS DE FAIRE DES RÉVÉLATIONS

«J'ai l'intention de jouer Molière, un jour...
Si le cinéma canadien veut m'avoir,
il lui faudra un bon scénario...»

C'était au «El Paso» où il donnait son spectacle avec Marcel Gamache. Entre le premier et le deuxième spectacle, Olivier est entré dans la salle pour l'interview.

Eh bien, Fichtre ! des gens qui ne le connaissaient pas du tout.

«Allons, Olivier, viens prendre un verre ! ma femme voudrait te connaître. Ma belle-sœur t'a déjà rencontré à Saint-Gabriel de Brandon, tu vas la reconnaître tout de suite.» Et Olivier Guimond marchait dans le coup. «O.K. J'vas te voir dans deux minutes.» C'est drôlement formidable! Olivier voudrait que tous les gens sourient autour de lui. Que tout le monde soit heureux, et ça, c'est tout un programme!

Il a adopté le dicton des «AA»

— Quel genre de gags agit le plus facilement sur votre glande à rigolade?

— Je suis un public assez dur pour la comédie. Disons que j'aime le style Jackie Gleason, Red Skelton. Les mimes. Marceau est excellent, mais c'est un mime classique et c'est limité.

— Qui considérez-vous comme le plus grand comique français en Europe?

— J'aime Fernand Raynaud. J'aime les films comiques, mais Raynaud, je le préfère dans son vaudeville.

Aimeriez-vous faire du théâtre dramatique?

— Oui. Beaucoup. Mais ça prendrait pour moi un rôle vraiment spécial. Parce que, étant connu côté comédie, je suis classé. Il faudrait que se répète ce qui s'est produit pour Fernandel dans *Le Petit Monde de*

Don Camillo, par exemple. Amener petit à petit le public au dramatique.

— Quel genre de rôle aimeriez-vous jouer?

— J'ai l'intention, un jour, de jouer Molière. *Le Bourgeois Gentilhomme* et d'autres. Peut-être adapté d'une façon moderne. Mais il faudrait que je travaille un an une pièce de Molière avant de pouvoir la jouer. Ça me prendrait aussi un bon directeur, un bon metteur en scène, parce que je ne suis pas préparé à ce genre de théâtre. J'aime aussi, la comédie musicale. Pour un comique, c'est l'idéal puisqu'il a tous les moyens possibles pour le soutenir. Décors, costumes, danseurs, musique. Un comique doit travailler avec une équipe. L'entourage compte beaucoup. C'est ce qui se produit dans *Cré Basile*.

— Qu'est-ce qui fait que quelqu'un est votre véritable ami?

— L'honnêteté surtout. L'amitié ? Moi, je suis le premier à y croire, mais c'est difficile de trouver une réponse chez les autres. J'ai toujours fait confiance aux gens. J'ai souvent été déçu. Mais je n'ai aucune rancune, je pardonne facilement. J'ai adopté le dicton des AA: Un jour à la fois. Demain c'est autre chose!

— Mais quelle est la chose que vous avez le plus de mal à pardonner à quelqu'un que vous aimez?

— Il n'y a rien que je ne puisse pas finir par pardonner. J'oublie. Je n'ai pas tellement d'amis intimes, mais la chose qui me blesse terriblement, c'est un ami qui me trompe. Mon père m'a dit souvent que je me laissais trop facilement «piler sur les pieds». C'est vrai. Mais je suis comme ça. Et comme ça aussi je suis moins malheureux.

Si vous étiez coincé pour tenir une semaine entière avec 25$ en poche, que feriez-vous ?

— Ça m'est déjà arrivé à Chicago. J'ai mangé des patates bouillies, frites, sautées, en purée toute la semaine. L'argent, moi ça me brûle. Dès qu'il en rentre, il en sort. Et l'argent ne m'a jamais inquiété. Si j'en ai, j'en ai. Si je n'en ai pas, je m'en vais à la campagne.

— Quelle est la chose la plus coûteuse que vous vous soyez offerte jusqu'ici?

— Parlons pas d'avant, si vous voulez. Parlons depuis trois ans. Depuis trois ans, mes folies les plus «coûteuses» ont été mes voitures. Dans les 8 000$.

— En trois secondes, quel chiffre vient après 1099?

— 2000. C'est le coup classique ! Tout le monde se fait pincer.

— De votre enfance, quel souvenir agréable vous revient le plus facilement à la mémoire?

— Mes années de collège. Quand on montait des opérettes. Et les trophées que j'y ai remportés. J'aimais beaucoup les sports. J'étais champion pour la course de deux milles en patin. J'étais premier en culture physique et je faisais de l'acrobatie. De la nage. Plus tard, j'ai fait du ski. Aujourd'hui, je fais de la pêche et de la chasse.

— Quel est le meilleur terrain de golf aux alentours de Montréal?

— Il y en a plusieurs. Il y en a un bon à Rosemère. Puis pas trop loin de chez moi, à Saint-André d'Argenteuil. C'est un vieux terrain de golf, mais il est intéressant.

— Les voyages? aimez-vous l'hiver?

— J'aime l'hiver à la campagne et dans le nord. Pas à la ville. Mais si j'avais à vivre dans un autre pays où il n'y a pas d'hiver, je trouverais ça monotone. Peut-être pour ça que j'ai aimé beaucoup le Danemark. La campagne est très belle.

— Entre Hitler, De Gaule ou Kennedy, lequel admirez-vous le plus?

— Vous voulez dire sur le plan humain ? Parce que au point de vue intelligence, ce sont trois grands hommes. Comme homme, j'aimais beaucoup Kennedy. Non seulement il avait toutes les qualités administratives, mais il pouvait rendre heureux ses enfants, sa femme. C'était un homme complet.

— Quel type de femme préférez-vous au cinéma?

— Sophia Loren et Nathalie Wood

— Aimez-vous Brahms?

— Oui, j'aime la musique classique. J'aime l'opéra. Quand j'étais jeune, je me rapelle, je passais mes après-midi à écouter le Metropolitain à la radio. J'aime le drame. Le drame sentimental. Et j'aime la musique douce. Le semi-classique.

— Quel genre de chose vous touche le plus facilement?

— Quand je vois des vieillards qui sont seuls. Nous sommes allés visiter «La Porte du Ciel». Les vieillards sont très bien traités, mais ils sont seuls. J'ai du mal à comprendre que des gens se résignent à laisser leur père ou leur mère comme ça. Oui! il y a un tas de choses qui me touchent. Ils n'ont pas de misère à m'avoir. *I am a soft touch* comme on dit. Même mon pire ennemi, s'il me raconte une histoire triste, je suis fini.

— Avez-vous d'importants projets pour l'avenir immédiat?

— Aznavour, que je connais bien, m'avait parlé d'un projet de film en Europe pour sa propre compagnie de cinéma. Je sais pas si ça va marcher. J'aimerais faire du film canadien aussi. Mais je n'accepterais pas n'importe quoi, ça prendrait un bon scénario. J'aime la mentalité de ces gens-là. C'est calme. Il n'y a plus de luttes, de révolutions. C'est calme. Ce que je veux, c'est que tout le monde soit heureux. Et moi, que j'aie la paix. J'aimerais aller en Espagne. J'ai fait un voyage à Nassau aussi. Ça aurait été un beau voyage, mais le vent a pris quand on était sur le bateau. On est allé s'échouer sur le Nord.

— Quelle chose «pas raisonnable» auriez-vous le goût de faire?

— Ah! J'en ai une! Mais ça ne s'écrit pas dans un journal. Aussi, j'aimerais m'en aller loin. Faire un long voyage. Pas un voyage organisé, par exemple. Partir quand je veux. J'ai horreur des choses organisées d'avance.

Raymonde Bergeron

Album souvenir Olivier Guimond

* * * * * *

OLIVIER GUIMOND: TOUJOURS LE GRAND MAÎTRE DE LA COMÉDIE

Nous avons rencontré Olivier Guimond quelques jours après la remise des trophées du concours des prix Orange et Citron. À ce moment-là, *Smash* était toujours à l'antenne de Radio-Canada. On sentait bien, en présence d'Olivier Guimond, que tout n'allait pas bien de ce côté, mais il préférait ne pas faire de commentaires. Ce n'est que quelques jours après notre rencontre que Radio-Canada rendait publique sa décision de retirer *Smash* de son horaire. Nos lecteurs comprendront alors que cette interview que nous vous présentons se rapporte à Olivier Guimond en rapport avec le prix Orange qu'on lui a décerné, et non à la disparition de *Smash*.

Le p'tit gars timide

Luc, le petit bonhomme d'Olivier Guimond, aurait fait, selon sa mère, de délicieuses remarques comme seul un enfant sait en faire lorsqu'il apprit que son célèbre père avait mérité de prix Orange des journalistes. Intrigués, nous avons profité de notre visite au domicile du fameux comédien pour poser quelques questions à ce charmant petit homme. Une gêne bien compréhensible paralysait toutefois l'enfant qui eut de la difficulté à nous reformuler les commentaires qu'il aurait laissé entendre à ses parents.

Dans un effort pour briser la glace, Olivier Guimond a dû, jusqu'à un certain point, s'improviser journaliste pour tenter de rendre plus loquace son jeune fils qui, habituellement, serait facilement bavard.

— Étais-tu content quand papa a eu son trophée qu'il a mis dans ta chambre?
— J'étais content, répond Luc simplement.
— Est-ce que tu penses que papa le méritait? renchérit Olivier.
— Oui, répond l'enfant timidement.
— Pourquoi?
— Parce que papa est gentil avec tout le monde, répond Luc qui promène son regard de sa mère à son père pour vérifier si sa performance est acceptée.
— Est-ce que tu as été surpris que ton papa gagne?
— Oui.
— Pourquoi?
Le petit homme, mal à l'aise, regarde encore une fois ses parents: «Je ne sais pas quoi dire», fait-il, l'air inconfortable.

Il n'y a pas tellement longtemps, le petit Luc voulait devenir un artiste comme son père. Puis il changea d'idée l'un de ces bons matins et se mit à rêver de devenir un joueur de hockey.

— Tu ne veux plus être un artiste comme papa? s'étonne Olivier.
— Si on ne me prend pas dans un club, réplique-t-il sur un ton un peu plus rassuré, je vais être un artiste.

Nous tentons de profiter de cette aisance qui semble lui venir pour lui demander s'il trouve son papa

drôle quand il le regarde à la télévision?

— Oui.

— Et à la maison, est-ce que ton père est drôle aussi?

— Non, y fait pas son drôle ici, répond-il avec assurance.

— Quel papa aimes-tu le mieux, celui qui fait son drôle à la télévision ou celui qui ne fait pas son drôle à la maison?

— Les deux, affirme-t-il candidement, ce qui constitue sa dernière réponse. Et c'est alors un petit bonhomme visiblement heureux d'être libéré de cette situation qui bondit du fauteuil où il était assis pour rejoindre son petit ami qui était revenu de l'école avec lui.

«Ce trophée est très important pour moi.»

Olivier Guimond était visiblement très ému lorsqu'il s'est présenté sur la tribune, le soir de la remise des trophées du concours des prix Orange et Citron. Quand nous l'avons rencontré chez lui, quelques jours plus tard, il nous confiait à ce sujet: «J'ai été aussi flatté de recevoir ce prix Orange que lorsque j'ai été nommé Monsieur Radio-Télévision, et peut-être davantage... Et j'aimerais dire autre chose ici, c'est que les journalistes ont été très gentils avec moi. Ils m'ont aidé énormément, surtout dernièrement, parce que, malgré ma dernière émission et une émission un peu plus lointaine que je ne nommerai pas, ils m'ont supporté moralement; et cela, dans la vie d'un artiste, je crois que c'est important.»

Très heureux dans sa vie privée

À l'automne prochain, Olivier Guimond célébrera ses 40 ans de vie artistique. Cela signifie également que notre grand comédien, dernièrement mal exploité, aura été en relation avec les journalistes pendant quarante ans. S'il juge que, dans l'emsemble, les journalistes se sont toujours montrés gentils à son égard, il reconnaît qu'occasionnellement certains se sont mêlés de sa vie privée. «Et, fait-il sur un ton qui ne renferme toutefois aucune trace de rancune, je n'ai pas trop aimé cela. Des journalistes m'ont alors répondu que la vie privée d'un artiste appartient au public, que, lorsque l'on est vedette, le public a droit de savoir tout sur vous... Je ne crois pas qu'on puisse se permettre de fouiller dans la vie privée d'un artiste et je crois que tous les artistes sont d'accord avec moi là-dessus.»

Vivant dans sa spacieuse demeure de l'est de la ville avec une épouse charmante et un petit bonhomme plein d'entrain, sa mère habitant également au-dessus, Olivier avoue être pleinement heureux, côté vie privée, et on comprend alors qu'il veuille protéger de toute exploitation journalistique cette chaude atmosphère familiale.

La peur de la radio

Avant d'être découvert par Radio-Canada, en 1959, ce qui marquait une étape importante dans sa carrière, Olivier Guimond avait certainement tout fait dans le domaine de la comédie. Il avait été *straightman* et même danseur et chanteur. Un artiste, dans de telles conditions, développe une connaissance très vive ou, devrions-nous dire, un *instinct du public*. À la télévision, ce phénomène n'existe à peu près plus, le public étant remplacé par des caméras et réduit à une équipe technique. Olivier Guimond, comme tout autre artiste, a dû s'y habituer? Il reste quand même que c'est en présence d'un public qu'Olivier se sent le plus à l'aise. Un médium toutefois auquel il ne s'est jamais habitué et, probablement, ne s'habituera jamais, c'est la radio. Ce médium le terrifie presque! «J'ai peur de la radio, nous confie-t-il, parce que je sais que les gens ne me voient pas, et je me fie habituellement aux mimes que je peux faire? C'est pourquoi à la radio, je suis excessivement nerveux. J'aime mieux faire face à 15 000 personnes réunies au Forum que de faire une interview à la radio.»

Sur ce s'est terminée notre entrevue... Olivier Guimond vient de subir deux cuisants échecs. C'est évidemment très dur pour le moral d'un artiste! Nous sommes convaincu que le public est toujours derrière lui, et qu'il saura faire face, finalement, à ce qui est sans doute le plus fantastique défi de sa carrière: démontrer à tous, et à lui-même, qu'il est toujours le grand maître de la comédie!

Réjean Legault

TV Hebdo, avril 1971

* * * * * *

VIBRANTS TÉMOIGNAGES

UN GRAND DEUIL CHEZ LES ARTISTES

La presse parlée et écrite accorda une importante couverture à la mort de papa. On voyait sa figure en première page des quotidiens et de la presse artistique, la télévision diffusait des extraits d'émissions, des entrevues, on ne parlait que de lui.

Aucun décès chez les artistes n'avait auparavant connu un tel impact.

Presque toute la colonie artistique a rendu hommage au grand Olivier, après son départ. J'ai relevé quelques témoignages parus dans les jours qui ont suivi le décès de papa.

Voici celui de son meilleur ami, Paul Desmarteaux:

«Quand, lors de la grève de Radio-Canada, Olivier et moi avons participé au spectacle présenté à la Comédie-Canadienne, nous avions été présentés en vedettes américaines le premier soir. Ce fut le délire et l'on modifia alors l'ordre du spectacle du lendemain, nous y étions en grandes vedettes... J'ai travaillé d'abord avec le père, puis je suis devenu le «faire-valoir» d'Olivier. Notre rencontre remonte à plus de 40 ans... Selon moi, il fut notre plus grand comique. Avant tout, dans mon cœur, c'est surtout un homme de grand cœur. Je dirais même qu'il avait le cœur plus gros que le corps... Je comprends qu'il ait fait des ulcères, pauvre Olivier, il avait tellement le trac. Il devenait très nerveux avant d'entrer en scène... C'est aussi pour ça que, très souvent, il prenait quelques gorgées de cognac avant de se produire

«Il ne croyait pas être aussi talentueux qu'il l'était en réalité. Cet homme savait tout faire, il jouait la comédie avec génie, il dansait tel un Fred Astaire, il chantait très bien et jouait aussi du piano.

«Il ne connaissait pas la valeur de l'argent, c'est pourquoi il le dépensait aussi facilement. Il n'a jamais entassé, ça lui importait peu d'en avoir beaucoup; pour lui, l'argent servait à rendre les autres heureux. Olivier n'avait pas une once de méchanceté en lui. Il aimait tout le monde et c'est pour cela qu'il était tant aimé du public. C'était un gentleman. Olivier a toujours été le meilleur, sans chercher à piler sur les pieds d'autrui. C'est la plus grande qualité qu'on puisse trouver chez un artiste...»

Madame Juliette Pétrie, une dame pour qui papa avait la plus grande admiration:

«J'ai bien connu le père et le fils, j'ai travaillé avec les deux. J'ai toujours dit que le père était meilleur que le fils. Je m'explique. Ça n'a rien à voir avec le talent. Mais il faut avouer que le père avait plus de caractère que le fils. Il était aussi plus discipliné. S'il prenait un verre, c'était après la soirée et toujours raisonnablement. Le Père Guimond ne se laissait pas voler la vedette comme ce fut si souvent le cas pour Olivier. Il était tellement bon qu'il ne disait rien. Ceux qui travaillaient avec lui en profitaient, ils lui volaient ses trouvailles et le toujours gentil Olivier ne rouspettait pas.

«Sur le plan métier comme sur le plan humain, il était plus chaleureux et plus généreux que son père. Il était aussi plus humble. Il était de la tradition des grands comiques du siècle, les Charlie Chaplin, Buster Keaton, Fernandel... J'ai connu Olivier, alors qu'il était à peine âgé de 5 ans. Je l'ai vu grandir. Ses culottes ont allongé dans les coulisses du théâtre National. Il venait nous voir jouer à ses jours de congé. On savait déjà qu'il aurait la passion des planches. Ça se sentait. Mais son père était totalement contre. Et il avait une tête dure... J'en sais quelque chose, j'ai travaillé avec lui, j'ai appris à ses côtés. Ça n'était pas de tout repos, travailler avec le Père Guimond.

«Je crois qu'Olivier aurait été très bon dans le drame. Il aurait su faire pleurer comme il a su faire rire. C'est dommage de perdre un si grand talent. En plus il y a son fils, 7 ans... Pauvre petit, Olivier l'aimait tellement. Sa mort laisse un grand vide. C'est jeune 57 ans. J'ai commencé ma carrière à la télévision à 59 ans. Alors imaginez quelle carrière Olivier aurait pu avoir s'il avait vécu encore une vingtaine d'années. Il aurait sûrement eu un succès fou au cinéma. Il pouvait jouer autant en français qu'en anglais... Des grands comme lui, on n'en verra pas pour plusieurs décennies... Sa mort m'a beaucoup chagrinée.»

Marcel Gamache fut l'auteur à succès de papa. C'était aussi un homme en qui papa avait grande confiance.

«Avant d'écrire pour Olivier, j'ai joué à ses côtés, à titre de *straightman*. Notre collaboration auteur-comédien a débuté en 1963 avec la série *Pique*

Atout. J'écrivais des textes avec un thème titré *Les voisins*. Parmi ces voisins, il y avait un plombier nommé Basile Lebrun. Deux ans plus tard, il deviendra le plombier le plus populaire du Québec avec *Cré Basile*. Nous avions une grande complicité dans le travail, et nous étions aussi très amis dans la vie de tous les jours. Ma femme et moi étions reçus chez les Guimond et eux, de leur côté, venaient aussi nous visiter très souvent à Sainte-Dorothée.

«Nous avons fait des voyages en Europe ensemble avec nos épouses respectives. Très souvent, nous nous sommes retrouvés à Pointe-Fortune, où Olivier avait une maison d'été. Mon Dieu qu'il était aimé, ce cher Olivier, à Pointe-Fortune. Tout le monde le connaissait et avait recours à lui au moindre problème. Olivier a aidé tellement de gens dans sa vie, de son temps et de son argent... La fin de *Cré Basile* a été très difficile pour tout le groupe qui en faisait partie. Nous étions devenus une famille. Le soir du dernier enregistrement, chez moi, j'avais organisé une fête, il y eut des rires, mais aussi beaucoup de tristesse...

«On a dit que j'en avais voulu à Olivier d'être allé à Radio-Canada, après la fin de *Basile*. C'était faux. Je souhaitais qu'Olivier fasse autant de succès avec *La branche* qu'avec *Basile*. Olivier était un ami, un frère, je n'aurais jamais pu être fâché contre lui. Surtout pas Olivier.... Je savais cependant que ça risquait de ne pas fonctionner. Olivier était un comédien naturel, il fallait lui laisser une certaine improvisation. À Radio-Canada, on n'avait jamais travaillé ainsi... J'avais vu juste... Sa mort m'a fait énormément de peine. Autant que si je perdais un frère... Il ne sera jamais oublié de ceux qui l'ont connu et aimé...»

Manda Parent fut la partenaire de papa durant des années. Elle était aussi sa confidente. Il pouvait tout lui raconter, elle l'écoutait et le consolait lorsque le besoin s'en faisait sentir.

«J'ai joué avec le père d'abord puis avec le fils Guimond. Même qu'il m'est arrivé de débuter sur scène avec l'un et de terminer avec l'autre. C'étaient les meilleurs comiques de notre génération. J'ai cependant travaillé plus longtemps avec Olivier jr. Nous avons fait des tournées au Québec, en Ontario, au Nouveau-Brunswick, en Nouvelle-Angleterre... Quels beaux souvenirs je garde de cette époque!

«J'ai été témoin de ses plus belles histoires d'amour. Quand il avait de la peine, il venait pleurer sur mon épaule. Je l'aimais comme un fils. À moi il pouvait tout raconter, il savait que je ne dirais rien... Lorsqu'il s'était confié, il se sentait beaucoup mieux...

«Olivier aimait faire plaisir aux gens. Si des gens l'arrêtaient pour lui parler, ça n'en finissait plus. Il leur donnait tout le temps disponible. Des gens venaient devant chez lui, sonner à sa porte pour lui dire bonjour. Il leur dédicaçait une photo, il jasait avec eux... C'est pour cela que le public l'appréciait autant. Sa grande générosité passait à travers l'écran...

«Je ne l'ai jamais vu tirer la couverture sur scène. Tant de comédiens ont recours à cette formule, ils veulent être plus vedette que la vedette. Au contraire, Olivier donnait de la place à ceux qui jouaient à ses côtés et il tentait toujours de les mettre en valeur. C'est ça la générosité de la scène. Ça n'est pas commun. Surtout pas de la trempe d'Olivier. Lorsqu'on m'a annoncé sa mort, j'ai senti un déchirement au fond de moi. Comme si j'avais perdu un fils... Des êtres comme lui ne se remplacent pas... Il était unique.»

Jean Grimaldi donna sa première chance à mon père. Il fut aussi très paternel envers lui.

«Je suis fier d'être celui qui, le premier, a fait confiance à Olivier. Je ne l'avais pas vu jouer, mais je savais qu'il possédait ce qu'il fallait... C'était le fils du Père Guimond... Déjà une bonne référence...

«Un jour, alors qu'ils étaient tous deux du même spectacle, le père demanda à passer le premier. Il se surpassa, tout en épuisant son matériel et aussi celui dont Olivier se servait. Le pauvre fils regardait son père, sur scène, passer les gags les uns après les autres... Il se demandait comment il allait tirer son épingle en suivant son paternel qui venait de servir à cette salle l'une de ses meilleures performances.

«Quand le père sortit de scène il regarda son fils en lui disant d'un air moqueur: «Essaie d'être meilleur que moi, Junior...»

«On présenta Olivier comme le fils de Ti-Zoune. Le défi lancé par son père fut relevé. Olivier obtint une ovation de la part du public, le rideau monta et baissa plusieurs fois... Son père fut pour lui une dure école de formation. Il était imperturbable. Olivier a acquis de son éducation une belle compréhension de la nature humaine, avec tout ce qu'elle peut comporter d'indulgence et de sincérité. C'était un grand comique, mais aussi un grand homme, dans tous les sens du mot. Jamais on ne l'a entendu juger un seul camarade; même celui qui ne lui allait pas à la cheville méritait son amitié et son attention tout comme le respect.

«Très souvent je l'ai vu aider des jeunes qui arrivaient dans le métier. Il aidait aussi souvent la chance des autres. Pour moi, il a été le plus grand de tous. Je l'ai aimé comme un fils...»

Le journaliste Ernest Pallascio-Morin écrivit ce beau papier à la suite du décès de papa.

«On aura beaucoup de mal à s'imaginer l'immobilité de celui qui avait fait de sa vie — et cela depuis l'enfance — le mouvement. Cette faculté du corps humain de se mouvoir, Olivier Guimond l'avait développée au point de se confondre avec lui. Mais tout cela n'eût été que risible s'il n'avait intégré les forces vives de l'intelligence et du cœur à la moindre lueur d'un regard, à la moindre tension d'un doigt, à l'allongement d'une jambe agile devenant, comme par un mécanisme longuement rodé, un pas de danse.

«Olivier Guimond immobile! Il n'y avait que la mort pour réussir le coup! Elle l'a touché de son doigt. Elle a fermé ses yeux. Elle a aussi éteint les réflecteurs. Elle a tourné au silence le son de sa voix. Elle nous a ravi l'extrême mobilité de son visage qui pouvait passer du tragique déchirant au rire irrésistible. Elle a baissé le rideau!

«Mais si elle croit l'avoir poussé pour toujours au fond de la coulisse de l'oubli, elle se trompe. Il n'y a pas que les gens de théâtre, ou du métier en général, qui se souviendront.

«Olivier Guimond avait su faire abstraction de l'immense talent de son père dont il aurait pu porter le poids toute sa vie, ou encore, se laisser envahir par des complexes de dépassement impossible à atteidre.

«L'amour qu'il portait à son père l'aura aidé à suivre ses conseils, certes. Mais aussi à s'isoler en lui-même, à faire le bilan de son talent, forcer le destin, que dis-je, le mater et surgir dans une personnalité nouvelle: la sienne.

«Il aura réussi autre chose de magnifique. Il aura fait passer le théâtre dit de «variétés» (autrefois en marge) à la profession que nous connaissons aujourd'hui et dont vivent beaucoup de comédiens et d'artistes. Il est à espérer que tous resteront fidèles à ce tour de force réussi grâce à ses qualités indéniables de cœur, à sa bonté naturelle, et surtout, à son intégrité professionnelle qu'il transportait avec un rare bonheur dans la famille Guimond comme dans la grande famille des artistes.

«On devrait lui être reconnaissant de nous avoir fait si souvent oublier les tracas du terrible quotidien, la pesanteur d'une vie déchirée entre deux cultures et une situation géographique impensable, sans compter les dissemblances auxquelles on ne saurait ajuster de qualificatifs valables.

«Olivier n'ignorait pas cela ! Mais il avait accepté le défi d'en rire! Et Dieu sait s'il a su en entraîner d'autres avec lui dans ce «bag» bien différent de l'argent et des mesquineries dont l'homme est capable quelquefois.

«Il a su rire de ses déboires (car tout n'a pas toujours été facile), de ses difficutés, même de sa cruelle maladie. Jamais la vie n'aura produit un gars plus sympathique, un homme plus attaché aux siens comme à son métier, à ses camarades, à ses amis. Rien n'est fini ! Tout commence ! Je ne te dis pas ADIEU, Olivier. C'est un mot qui se trouve sous la plume des poètes un peu rêveurs. Je te dis À TOUT DE SUITE... puisque par la pensée, rapide comme l'éclair, je te rejoins dans chacun de tes mouvements dont tu auras su faire le mouvement.

Montréal-Matin
décembre 1971

LA MORT D'OLIVIER VUE PAR MAURICE DESJARDINS

«Pour moi, Olivier Guimond a toujours été le digne fils d'Olivier Guimond. L'immortel Ti-Zoune a engendré Ti-Zoune junior qui est devenu Olivier Guimond fils, puis Olivier Guimond tout court (même à Radio-Canada) et, enfin, Basile Lebrun.

«Le fils du clown a perpétué la mission de son désopilant paternel. Le fils de Ti-Zoune et d'Effie Mack est «né dans une valise». Il a été sevré dans les coulisses, bercé par les éclats de rire du public qui parvenaient jusqu'à la loge où roulait et tanguait son berceau.

«Aussitôt qu'il a eu l'âge de raison, le jeune Guimond a absorbé, par osmose, la fantaisie de son père. Son subconscient a noté les trucs, les jeux de scènes, les grimaces, les souples entrechats de son fameux papa.

«Parfois avant le tomber du rideau sur un hilarant sketch, Olivier papa prenait son fils par la main et le présentait au public. «Je vous présente un des plus jeunes danseurs du monde», disait-il. Et Olivier fils, un peu timide mais plein de cran, se lançait dans une vigoureuse danse à claquettes.

«Ses parents ont tenu à le faire instruire. Il a fait son cours au Mont Saint-Louis. Il y a appris le bon français, l'histoire, la littérature, les sciences. Mais c'est à «Ti-Zoune High» que s'est développé et pétri le génie comique héréditaire. Le fils admirait le père et, même à l'heure de ses plus grands succès, il pensait: «D'accord, j'ai fait rire les gens, mais papa les aurait fait se tordre, lui.»

«Le métier est entré dans son cœur de pair avec l'amour filial. Le *timing* du fils ne ressemblait pas à celui du père, mais il était là quand même. Les pas de danse étaient les mêmes car une «stepette» qu'on apprend à cinq ans, ça ne s'oublie pas.

«Pendant les premières années de la télévision, l'austère canal avait boudé Ti-Zoune Jr. C'était vulgaire et faubourien, pensait-on rue Dorchester. Mais il fallait faire rire les téléspectateurs. Molière ne suffisait plus. On est descendu dans la rue et Olivier Guimond est devenu un clown «bien vu». Il y a deux semaines, on le voyait même aux Beaux Dimanches, dans un opéra s.v.p., interprétant un ineffable domestique muet.

«Olivier était fait pour la télévision et la télévision avait été inventée pour lui. Il était un visuel, un Grock de «par chez nous». Il n'avait pas besoin de parler.

«Un de ses immortels *hits* le transformait en fêtard attardé rentrant silencieusement chez lui aux petites heures en prenant toutes les précautions d'usage pour éviter d'être la cible du rouleau à pâte. Son père avait joué ce sketch silencieux. Son fils devait le reprendre, en changeant les mimiques et les roulements d'yeux, mais avec un égal succès.

«Au paradis des grands clowns, Olivier père, frais maquillé, grandes godasses aux pieds, petit feutre sur la tête, ouvrira les bras tout grands à son petit Olivier. Tu arrives à temps pour le premier spectacle, dira Olivier le père. L'orchestre céleste attaque les premières mesures. Le rideau de vermeil s'écarte. Et Olivier et fils, claquettes d'argent aux semelles, se présentent en dansant drôlement, bras dessus, bras dessous...

Journal de Montréal,
novembre 1971

GILLES LATULIPPE

«J'ai l'impression de perdre un parent. J'ai été le premier à le voir au salon avec Paul Berval. Il était beau, mais terriblement amaigri. Personne n'aura un mauvais souvenir de lui; pour tout le monde il restera un homme extraordinaire. On a perdu le cœur de l'Union des Artistes et nous n'avions pas les moyens de le perdre.

«Je n'ai jamais pu dire «tu» à Olivier, et pourtant, nous travaillions ensemble. Il était simple, il avait confiance en moi et il jouait même des rôles que je lui écrivais. Mais je pense que l'histoire de sa vie, ça a été de rendre les autres heureux.

«Tous ceux qu'il approchait se sont enrichis et on a la consolation de se dire qu'on a été parmi les chanceux qui l'ont bien connu. Bien sûr, on paie le prix de la séparation et c'est cher. Il m'a donné des conseils qui m'ont été profitables. C'était un cœur sur deux jambes.

«Que ce soit dans *Symphorien* que j'ai tourné toute la journée ou le soir en allant au théâtre, je le voyais partout. J'ai fait le lancement de TVA avec lui, il était déjà malade, il est rentré à l'hôpital le lendemain. Les promotions que nous avions faites ne sont jamais passées.

«J'allais souvent le voir à l'hôpital. Chaque fois il pleurait, mais j'arrivais à le faire rire et pour moi c'était épouvantable de faire rire Olivier que je voyais si malade. Je l'ai vu véritablement heureux quand il regardait les tas de lettres qu'il recevait — je dis regardait — car il n'avait déjà plus la force de les lire. Les lettres d'enfant lui étaient particulièrement chères.

«Olivier tenait à donner ses yeux et, lorqu'il est mort, le docteur Lavallée a demandé la permission à Manon Guimond de les prélever. Elle a accepté; le médecin lui a dit que c'était très important qu'il avait une greffe à faire dans une semaine. Mais ses yeux, Olivier les aurait donnés bien avant si on les lui avait demandés.

«C'était un être humain qui n'a jamais été vulgaire. Je garde de lui un souvenir qui n'a pas de prix: l'enregistrement de son spectacle dans mon théâtre. 267

Pour moi Olivier Guimond signifie LE COMIQUE en lettres majuscules.

«Pendant cinq ans, dans *Le Capitaine Bonhomme*, j'ai vu Olivier se tirer de situations, avec un talent dont seul il avait le secret. Au théâtre, en mettant les pieds sur scène, Olivier avait gagné son public. Ce n'est pas à la portée du premier venu.

«On m'a fait l'honneur d'être porteur aux funérailles, en compagnie de Gilles Pellerin, Paul Desmarteaux, Marcel Gamache, Claude Blanchard et Denis Drouin. Il y a tellement d'autres choses que j'aurais voulu faire pour lui !»

Moune Victor

Photo-Journal,
décembre 1971

* * * * * *

OLIVIER GUIMOND:
«UN CŒUR SUR DEUX PATTES»

«Olivier Guimond est mort!
«Mais il ne nous a pas quittés!
«Parce que pour longtemps encore, très longtemps,
«Son souvenir restera dans nos mémoires.

«Il était triste... il faisait rire!
«Il était malade... il faisait rire!
«Des problèmes?...il faisait encore rire!

«Faire rire un monde, où des gens de même langage ne pouvant même plus se comprendre sans interprètes, n'est plus un métier mais une vocation. Une vocation dont Olivier Guimond s'est aquitté avec tant de talent, de grandeur et, surtout tant de simplicité qui devrait servir d'exemple à plusieurs de ses camarades super-vedettes!

«Et plus encore pour ceux qui ont eu l'honneur de le rencontrer, ne serait-ce que quelques instants, c'est le souvenir de l'homme qu'ils conserveront. Un homme bon, foncièrement honnête, d'une gentillesse extrême, d'une sensibilité qui l'était encore plus, incapable d'une parole méchante, moins encore de faire mal. Un homme qui a vraiment aimé son prochain, plus que tout... et malgré tout! Si tous les hommes étaient des Olivier Guimond! Si tous les artistes étaient des Olivier Guimond!

«Mais ces paroles ne vous apparaissent pas comme un hommage posthume, comme tous ces éloges que l'on écrit après la mort d'un homme! Quand on parle d'Olivier Guimond, tout ceci est tellement vrai! Et il faut le dire, le répéter encore une fois!

«En avril dernier, j'ai eu le bonheur d'accompagner en Espagne Olivier Guimond, récipiendaire du prix Orange! J'étais avec lui pour ce qu'il avait appelé ses premières vraies vacances. Et toutes ces choses, sur l'homme, je les avais alors écrites, au retour. Ce fut en fait notre seule rencontre, mais elle dura plus de dix jours et, avec Olivier Guimond, le premier contact suffisait pour l'apprécier. Le second pour l'aimer. Le troisième pour l'admirer! Pour ne jamais l'oublier. Et je pense aussi à Manon, sa femme. Comme elle, comme ses amis les plus intimes, comme les centaines de milliers d'admirateurs, je ne voulais même pas penser à la perspective de cette disparition, malgré toute la gravité de la maladie. Et quand on y pensait, on ne voulait pas y croire. On rejetait la possibilité même de ce triste épilogue.

«Aujourd'hui, il est délivré de toutes ses souffrances, de toutes ses peines, mais la mort est alors plus cruelle pour ceux qui restent, pour Manon, pour son fils. C'est pourquoi nous serons avec elle, en pensée, les paroles étant si vaines, si inutiles, si pauvres, dans de tels cas.

«Comme le disait de façon si émouvante Gilles Latulippe: «Olivier Guimond c'était... Olivier Guimond... Olivier, c'était un cœur sur deux pattes...» Accepte-t-il maintenant, là-haut, qu'on le pleure, lui qui nous a tant fait rire? Salut, Ti-Zoune!

Pierre Trudel

Échos-Vedettes,
décembre 1971

CHAPITRE 12

«CHER OLIVIER»
UNE TÉLÉSÉRIE

Le projet d'une télésérie sur Olivier Guimond remonte à quelques années. Denise Filiatrault avait confié, en entrevue, alors qu'elle préparait une télésérie sur Alys Robi, qu'elle songeait à récidiver avec Olivier.

Maman fut la première à m'en informer. Les Éditions Quebecor lui avaient fait savoir qu'on allait rééditer son livre et qu'un projet de télésérie était dans l'air. En juillet 1995, lors de la remise des trophées au Panthéon Juste pour Rire, on m'avait invité à venir recevoir celui qu'on voulait offrir en hommage à mon père. Le tout se déroulait au théâtre Saint-Denis.

À cette occasion, j'avais fait la rencontre du producteur Jean Bissonnette, le réalisateur de l'excellent Bye Bye 70. Il m'a confié que la fameuse scène du soldat de service à Westmount était une répétition que Denis Drouin avait suggéré d'enregistrer. On connaît le résultat. Il n'y eut qu'une seule prise, sans répétition, et elle est devenue un classique de notre télévision.

J'avais alors dit à Jean Bissonnette: «Si vous avez besoin de quoi que ce soit concernant papa, ne vous gênez pas, si je puis être utile, ce sera avec plaisir...»

Grâce aux Éditions Quebecor, j'ai appris que les Productions Avanti Ciné-Vidéo avaient entamé le projet. Déjà on savait que Benoît Brière allait tenir le rôle d'Olivier. J'étais très fier du choix. Je le connaissais par la télévision, surtout pour ses succès dans la publicité de Bell. C'est dans le rôle du Bourgeois Gentilhomme de Molière, présenté au Festival Juste pour Rire, que j'ai découvert la grande sensibilité du comédien. Il jouait du Molière, ce que papa avait toujours voulu interpréter. Après la représentation, je suis allé en coulisse pour le féliciter et lui dire combien j'étais heureux de savoir qu'on l'avait approché pour camper le rôle de mon père.

Dès ce moment, une complicité s'est installée entre nous et elle n'a fait de croître avec le tournage de la télésérie. Je vous reparlerai un peu plus loin de l'amitié que je porte à l'artiste, et aussi à l'être humain qu'est Benoît Brière.

Deux mois plus tard, environ, un recherchiste engagé par les producteurs me téléphone. On veut savoir si je possède du matériel photographique, sonore et visuel de mon père. On est venu, par la suite, passer quelques jours à la maison pour fouiller dans tout ce que je possédais. Le recherchiste est reparti très heureux de ses trouvailles.

Je savais toujours peu de choses sur la télésérie, jusqu'à ce que je rencontre André Melançon, scénariste et réalisateur de *Cher Olivier* sorti à l'automne 95... Au téléphone, nous convenons de dîner ensemble dans un resto de la rue Saint-Denis. J'étais impressionné de rencontrer un grand cinéaste, et sa belle simplicité me mit bien vite à l'aise. Il m'avoua être lui aussi un grand timide. Il me dit sa fascination à l'endroit de mon père, d'autant plus qu'il retrouvait chez lui des points similaires. J'ai très vite compris que j'avais devant moi un homme d'une grande sensibilité et d'une affabilité hors du commun. Il me parlait de lui, de sa famille, de ses enfants... Puis il aborda le sujet de notre rencontre: *Cher Olivier*.

Bien que la recherche lui ait apporté beaucoup d'informations, il lui manquait des détails importants que j'étais seul à connaître: les liens intimes entre papa et les gens de la famille; comment il se comportait lorsqu'il était seul avec nous à la maison; ma relation avec lui. Tous ces détails étaient importants pour faire ressortir l'émotion dans la scénarisation. À la fin du repas, nous convenons de nous téléphoner et de nous revoir.

De retour chez moi, je me suis empressé de raconter ma soirée à ma femme, Manon. Et ce qui ressortait le plus dans ma conservation était le grand respect que j'avais perçu chez Melançon à l'endroit des humains. Il m'avait parlé avec tant d'égards de papa, de tous les gens de l'époque du vaudeville et du burlesque. Rarement, avais-je entendu tant de belles choses dites avec autant de respect. Quelques semaines avant Noël 1995, André me fait savoir qu'il a terminé la première version de son scénario. Il vient me le porter à la maison et, par la même occasion, fait la connaissance des autres membres de ma petite famille.

La première esquisse comprenait cinq émissions d'une heure. Elle fut raccourcie à quatre, pour des questions de budget. Je n'ai pu lire que les deux premiers épisodes. Nous étions au temps des fêtes et tout cela me touchait beaucoup. Je me suis mis à en lire des passages et je sentais l'émotion monter.

Il n'est pas facile de lire un scénario racontant l'histoire de son père, surtout quand on fait partie de sa vie. J'ai mis quelques semaines à pouvoir lire le scénario au complet. J'avais maintenant hâte de voir débuter le tournage, qui était prévu pour le printemps 1996.

André attendait mes commentaires à la suite de la lecture du scénario. Il fut très attentif à mes propos et me mit très à l'aise concernant mes impressions.

Quelques semaines avant le début du tournage, André me fit parvenir le second scénario. À la lecture, j'ai constaté avec regret que certains personnages ont dû être éliminés. Parmi ceux-ci, grand-mère Brunelle, qui fut si près de nous et qui me donna tant d'amour. André était très malheureux lui aussi, mais il avait dû accepter les budgets imposés.

SILENCE ON TOURNE

J'ai suivi le tournage de la série de très près. Sur le plateau on m'a fait sentir que je faisais partie de l'équipe. J'ai d'ailleurs eu la chance de jouer un second rôle qu'on retrouve dans le troisième épisode de la mini-série: j'incarne un technicien de l'émission *Cré Basile* qui avait une grande admiration et un grand respect pour papa. On sent aussi dans cette scène le respect de l'artiste pour ceux qui travaillent dans l'ombre. C'était ma première expérience au cinéma. J'avais un trac fou (c'est de famille), mais j'ai senti que toute l'équipe me supportait et André Melançon m'a témoigné sa confiance en me laissant improviser quelques mots avec Benoît Brière.

Situation inusitée que de tourner avec mon père. Pour quelques instants c'était confus dans ma tête. Comme si je me retrouvais devant mon père, bien que ce ne soit pas mon père. Je revoyais aussi des images de mon enfance, alors que j'accompagnais papa sur le plateau de *Cré Basile*. Ce qui se passait dans la série, je l'avais vu alors que j'étais enfant.

D'assister au tournage de cette série m'a beaucoup marqué sur le plan émotif. Certaines scènes ont fait jaillir des larmes, dont celle où Olivier parle à son fils, alors qu'il est déjà conscient de la gravité de sa maladie. Luc lui demande quand il va rentrer à la maison et Olivier éclate en sanglots au bout du fil.

Je vous avouerai que, en rentrant chez moi, j'étais vidé et épuisé. J'avais eu l'impression de perdre mon père une seconde fois. Je n'oublierai jamais ce jeudi 3 octobre, alors que Bernard Fortin, incarnant Denis Drouin, y allait de l'homélie dédiée à Olivier. Il s'agissait du texte intégral que Denis avait prononcé ce 2 décembre 1971. La teneur du texte avait une dimension différente à mes oreilles, 25 ans plus tard. Cette série est, à mon avis, le plus grand hommage qu'on ait pu rendre à mon père. Elle immortalise non seulement les Guimond, mais aussi tous ceux de leur époque. Elle aura aussi permis à la nouvelle génération de connaître une page de l'histoire de notre culture québécoise.

Un jour, Benoît Brière m'avait glissé, entre deux scènes: «Ce genre de comédie a longtemps été snobé et aujourd'hui on le redécouvre avec admiration. J'espère que cette série servira à un retour éventuel de cet art de la comédie... Moi le premier, j'en rêve... Il faut que ça revienne...»

Tous les comédiens y sont excellents. La distribution des rôles est remarquable.

Rémy Girard incarne grand-père et Michèle Duquet, grand-mère Effie. Sonia Vigneault qui devient ma mère, ressemble beaucoup à maman. On a confié le rôle de Jeanne D'Arc Charlebois à Martine Francke, celui de Manda Parent à Sonia Vachon (elle est excellente), et Michel Comeau personnifie Jean Grimaldi, alors qu'Annie Dufresne livre une Alys Robi authentique.

Ceux qui ont connu Paul Desmarteaux, apprécieront la ressemblance de Jean-Guy Bouchard tout comme celle de Denis Trudel en Gilles Latulippe.

UN DERNIER MOT

Alors qu'on commémorait le 25ᵉ anniversaire du décès de mon père, je fus invité à l'émission «Reddy Reddy Go» animée par Francis Reddy. On me demanda de parler de mon père. Je crois que ce fut la première fois en 25 ans, où j'ai nettement senti que je le connaissais bien. Ce livre, tout comme la série *Cher Olivier* m'ont beaucoup aidé à découvrir l'être humain que fut mon père, avec ses qualités comme avec ses défauts.

Claude Dubois était aussi de l'émission. Il avait jadis écrit une chanson en hommage à mon père. Claude est devenu un bon ami depuis une dizaine d'années. J'ai assisté à presque tous ses spectacles, sa musique m'inspire et même mes enfants raffolent de ses chansons. Mon fils Olivier a même vu le spectacle de Claude au Théâtre des Variétés. Claude m'a toujours bien conseillé au fil des ans et référé aux bonnes personnes.

«Ton père s'est tellement fait avoir, il ne faut pas que ça t'arrive à toi aussi», m'a-t-il dit maintes fois. J'étais content de suggérer sa présence aux recherchistes de l'émission de Francis Reddy, lorsqu'ils m'ont demandé si j'affectionnais un chanteur plus particulièrement.

Claude m'a fait rougir lorsqu'il a dit à Francis: «Jamais deux sans trois... j'connais Luc, il y a eu le grand-père, Olivier, et il y aura Luc. J'vous l'dis.»

De tels compliments me touchent, mais la marche est haute.

Un fait est certain, tout ce que je ferai dans la vie sera sous l'influence du cœur.

En commençant ce livre, je me posais la question à savoir si mon père était éternel.

Je suis heureux de vous informer que deux parcs municipaux portent le nom d'Olivier Guimond: l'un, depuis le 14 décembre 1981, rue Pierre de Coubertin, à Montréal; l'autre est situé rue Chateauneuf, à Boisbriand. Il y a aussi le CLSC Olivier Guimond, établi en 1987 et situé au 5810, Sherbrooke est, à Montréal.

Pointe-Fortune, le coin de terre préféré de mon père, lui a élevé un monument. Rue Alexandre de Sève, sur le trottoir des célébrités, on retrouve l'étoile de mon illustre père. Il a aussi été intronisé au Panthéon international de l'Humour du Musée Juste Pour Rire.

Poly-Productions a mis sur le marché en 1989 une magnifique cassette-vidéo d'une durée de deux heures. Elle est faite d'extraits et d'entrevues de papa. Elle est le fruit de très grandes recherches, et cette production a valu à ses auteurs de nombreux prix et mentions.

Gilles Latulippe s'est associé à la mise en marché d'un microsillon-hommage à papa. On y trouvait une chanson du grand-père Guimond, «Put, Put, Put», plusieurs gags de comédies enregistrés au Théâtre des Variétés. Les sketchs : «Trois heures du matin», «Le juge» et «Beau et chaud» y figurent, Papa a enregistré quelques albums de son vivant, dont un avec Suzanne Valéry.

Les Disques Allouette mirent sur le marché dans les années 60 un microsillon intitulé «Olivier Ti-Zoune Guimond». Papa y chante «J't'attendrai». Cette chanson a aussi été interprétée par le grand-père Guimond.

Un 45 tours fut enregistré de «Ti-Loup est mort», jolie chanson de Clémence Desrochers. À l'envers du disque on pouvait retrouver le dernier message de papa à son public, lors de l'émission «Dans l'eau bouillante» de Jacques Matti et Hélène Fontayne. Son Adieu à la province, de son lit d'hopital.

Ce livre sera le troisième dédié à papa. Auparavant, maman signa une autobiographie de sa vie avec papa en 1982.

Gilles Latulippe a aussi publié *Olivier*, chez Stanké. Des artistes ayant connu et aimé papa lui rendent hommage à travers des témoignages.

À la scène, Jean Lapointe a rendu un bel hommage à mon père dans un de ses spectacles. Le comique Gil Tibo a inclus dans tous ses spectacles un petit clin d'œil à papa.

À travers tous ces gens, comme à travers leurs œuvres et hommages la mémoire de papa est demeurée présente d'année en année.

Enfant j'ai beaucoup aimé mon père. Aujourd'hui j'aime et j'admire celui qui fut mon père. Pour moi, il est plus qu'une idole, mais comment le définir.

Il y aura toujours deux êtres en lui: le père et l'artiste. Les deux furent très grands à mes yeux. Ils ont comblé toutes mes attentes.

J'ai grandi, j'ai mûri. Je suis devenu père à mon tour. Ma femme m'a donné deux beaux garçons. Les enfants sont le plus beau cadeau de la vie. Olivier et Alexandre sont la continuité des Guimond, le sang de papa et de maman coulent dans leurs veines .

Ils sont ma raison de vivre, j'essaie de leur donner ce que papa aurait voulu me donner. La plus grande qualité qu'il m'ait inculquée fut le respect des autres, puis de la vie elle-même. Pour lui, un arbre, une fleur, un animal méritait le respect.

Je n'ai pas reçu un gros héritage, mais j'ai la chance d'avoir beaucoup d'amour dans ma vie et ça, c'est le plus important à mes yeux. Je me considère comme un gars chanceux.

Souvent, des gens m'approchent et, me parlant de papa, me disent: «Votre père a vécu de très grandes choses» et je leur réponds que je vis des choses différentes et aussi grandes, et que peut-être mon père aurait souhaité vivre et qu'il n'a malheureusement pas vécu assez longtemps pour voir son rêve se réaliser. Comme de voir grandir ses enfants.

Le bonheur est présent dans les choses les plus simples de la vie. Souvent il est à côté de nous et on oublie de le percevoir.

Lorsque je rentre chez moi et que mes enfants me sautent dans les bras, pour me dire: Je t'aime, papa, c'est pour moi un grand bonheur qui se renouvelle quotidiennement. On ne se lasse jamais de ces bonheurs.

Je crois que c'est une chance de vivre de si beaux sentiments. C'est ça la vraie richesse de la vie.

La mort de mes parents m'a fait comprendre que la vie est courte, qu'il faut la vivre pleinement et que, finalement, rien ne nous appartient.

Je considère aussi qu'une vie n'est jamais assez longue quand on aime sa femme et ses enfants. On croit tout le temps que ça durera toujours, mais c'est souvent un leurre.

Je vous ai raconté la vie de mon père le plus simplement possible, pour que vous en sachiez un peu plus sur lui. Je crois qu'on aura presque tout dit avec cette biographie et la télésérie *Cher Olivier.*

Il y a 25 ans qu'il nous a quittés, pourtant je ne l'ai jamais senti aussi présent que cette année. Cela, grâce à votre mémoire, à votre affection à l'endroit de ce grand homme que fut mon père, Olivier Guimond!

* * * *

Voici la liste des boîtes et cabarets du Montréal métropolitain dont il est question en page 61. Tous les artistes du vaudeville, du burlesque et du music-hall y ont donné des prestations fort courues à l'époque..

Le Café de l'Est, le Café du Nord, le Pagoda, le Bacardi, le Lion D'Or, Le Café St-Jacques, L'Eldorado, la Porte St-Denis, le Beaulieu, le El Paso, le Stardust, le Blue Sky, le Béret Bleu, le Beaver, le EnRo, le Palermo, le Rainbow, le Mocambo, le Belhumeur, le Caprice, le

Hale Hakala, le Copacabana, le Montmartre, le Figaro, le Cancan, le Press Club, le Club des Aigles, le Rockcliff, le Buffet Versailles, le New Orleans, Chez Maxim's, le Vanini, le Arlequin, le Carrousel, chez Alfonso's, le All Nation, le Pall's Café, la Louve, le Zanzeebar, chez Dagwood's, Bar du Music Hall, le Café Évangéline, le Le Baron, le Top Cat, le Canasta, le Capitole, le Saguenay, le St-John, le Rodéo, l'Odéo, le Main Café, le Rialto, le Casino Français, le Samovar, le Roncari, le Continental, le St-Germain-des-Prés, la Cigale, l'Esquire Show Bar, le Storck Club, l'El Moroco, Chez Bourgetel, Chez Clairette, le Tour Eiffel, Miami Lounge, le Beu qui rit, le Vieux Munich, Chez Clémence, le Deux Canards, le Lincoln, le Café Brésil, le Bal Tabarin, le Café Minuit, le Cochon Borgne, le Patriote, le Rockhead Paradise, le Clover Club, le Tropical, le Café Mexico, la Boîte d'en-Haut, la Seine, le Anjou Café, la Catastrophe, le Normandie Room, le Démocrate, les Trois-Castors, le 42, le New Palace, le Faisan Doré, la Casa Loma, la Lanterne, le Dome, les Ponts de Paris, le Vicomte, le Rocher Percé, la Cave, le Tourbillon, le Bocage, la Barre 500, Hôtel Aviation, le Picardie, le Mont Éléphant, le Crémazie Lounge, le River Side Inn, le Champlain, le Bar de l'O, le Vieux Ranch, le 1390, le Champ de Lys, le Grillon, Chez Émile, Chez Maurice, Chez Mado, L'Auberge du Canada, le Vee Bar, la Calèche Rouge, le Flamingo, le Réveillon, le Baracuda, le El Rancho, l'Étoile de l'Est, le Elle et Lui, la Grande Ermine, L'Hôtel Moderne, l'Hôtel Lapointe, le Pigale, le Plaza, l'Hôtel Douglas, le Pointe-Calumet, le York Hôtel, le Frontenac, le Nelson, l'Hôtel Central, le Balmoral, le Royal, le Pointe Valaine, la Feuille d'Érable, le Sommet, le Diplomate, l'Hôtel Lafaillette, l'Iroquois, le Château Ste-Rose, Le Berthelet, Le Casino Bellevue, le Manoir Mont-Royal, le Manoir De Brucy, le Manoir Mercier, le Faisan Bleu et le Chez Paree.

.

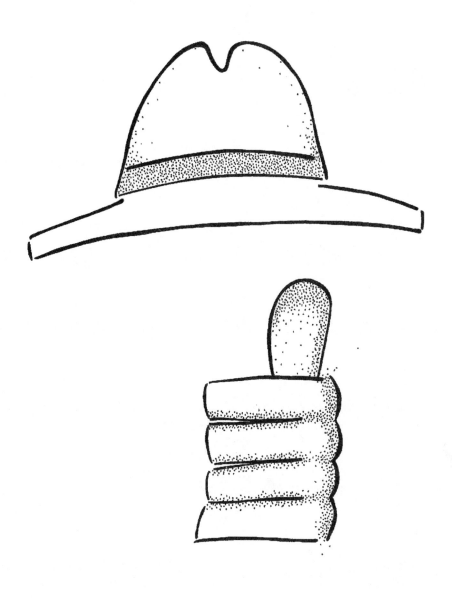

Le pouce d'Olivier, d'après Manon Goulet.

La Branche d'Olivier, d'après Manon Goulet.

RECEVEZ
GRATUITEMENT
NOTRE CATALOGUE

ET EN PLUS
RECEVEZ UN
LIVRE CADEAU*
ET DE LA DOCUMENTATION
SUR NOS NOUVEAUTÉS

Remplissez et postez ce coupon à Édimag inc.
C.P. 325, Succursale Rosemont
Montréal, QC, CANADA
H1X 3B8

Votre nom: ....

Adresse: ....

....

Ville: ....

Province/État ....

Pays: ....

Code postal: ....

Âge: ....

PHOTOCOPIES ET FAC-SIMILÉS ACCEPTÉS POUR
NE PAS DÉCOUPER CETTE PAGE.
Allouez de 3 à 6 semaines pour livraison.

* En plus de recevoir gratuitement le catalogue, je rece-
vrai, et ce gratuitement, un livre au choix du départe-
ment de l'expédition.

AUCUN ACHAT REQUIS

Pour connaître une autre facette du célèbre Olivier, Alys Robi vous propose sa version de son histoire d'amour avec Olivier Guimond

Toujours disponible en librairie ou par la poste

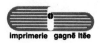

imprimerie gagné ltée